AF389070

NOUVEAU RECUEIL DE POËSIES HEROÏQUES ET GAILLARDES DE CE TEMPS:

Augmenté de plusieurs Piéces curieuses, qui n'ont point encore paruës dans les précédentes Editions.

M. DCC. XXII.

LA RAGE D'AMOUR,

CONTE.

A Cupidon la belle & jeune Amynte,
Malgré l'Hymen facrifioit toujours ;
Son pauvre Epoux étoit toujours en crainte,
Qu'elle ne fît de nouvelles amours.
Il ne pouvoit en ciller la paupiere,
Veilles, foucis l'eurent tôt emporté,
Lui mort, Amynte en pleine liberté
A fon humeur donna belle carriere ;
On en jafa, fon Curé crut devoir
L'en avertir : vous vous perdrez, Madame,
Changez de vie ou c'eft fait de votre ame :
Hélas ! Monfieur, je voudrois le pouvoir,
Lui répondit la trop fringante Veuve :
Mais plaignez-moi, tel eft mon afcendant,
Que je ne puis avoir l'efprit content,
Si chaque mois je n'ai pratique neuve ;
Cela me vient d'un accident fatal,
A quatorze ans d'un Chien je fus morduë,
Chien enragé pour prévenir le mal ;
L'avis commun fut qu'il me falloit nue
Plonger en Mer : nue on me dépoüilla,
Honteufe alors de me voir fans chemife,
Incontinent je portai la main là,
Où vous fçavez fans jamais lâcher prife,
On me plongea, mais qu'eft il arrivé ?

C'est que mon Corps, ô pudeur trop funeste !
Par tout ailleurs du mal fut preservé,
Hors cet endroit où la rage me reste.

AUTRE.

A Starot & Guilein, l'un Diable, l'autre Moine,
    Disputoient un jour fortement,
    Ce cas arrive rarement,
    Car il n'est plus de saint Antoine,
    Qu'un démon tentoit vainement.
Le sujet du procès étoit une Mazette,
    Une vieille Dariolette
    Gisante sur un méchant lit,
    Toute prête à rendre l'esprit
Le Diable prétendoit qu'on lui livrât cette ame,
    Digne, se disoit-il, d'un éternelle flâme,
    Il alléguoit mille forfaits,
Pucelages vendus, revendus, puis refaits,
    Cent & cent Femmes débauchées ;
    Guilein répondoit là-dessus.
    La vieille a dit son *In manus*,
    Et meurt en bonne pénitente,
Partant je la maintiens de tes griffes exempte,
    Après avoir bien disputé,
    Et long-tems en vain contesté,
Le diable se fiant en son adresse extrême,
    Râflons, dit-il, à qui l'aura,
    La fortune en décidera.

Pourquoi tous les plaideurs n'en font-ils pas
    de même ?
Guilein dit , je le veux , tirons la primauté :
    Chacun tira de son côté ,
    Par malheur elle échût au Diable ,
    Qui jette trois six sur la table ,
Et dit d'un ton railleur, Guilein j'en ay beau-
    coup ,
Malgré son *In manus* la Vieille sera nôtre.
Guilein lui répondit il faut finir le coup ,
Peut-être qu'à ce jeu j'en sai autant qu'un
    autre.
Il ramasse les Dez , les met dans le cornet ,
    Il tire & fait rafle de sept ,
    Cette rafle a de quoi surprendre ;
Mais rien n'est impossible aux Elûs du Sei-
    gneur ,
Dans ce sombre Manoir la Vieille alloit des-
    cendre ,
    Sans un miracle en sa faveur:
Guilein l'obtint , le reste est facile à compren-
    dre :
    Depuis ce tems Guilein fut fort prisé ,
    Pendant le cours d'une assez longue vie.
    Après sa mort il fut canonisé ,
    Et l'on donna son nom à l'Abbaye.
Là se voit un Tableau d'un gotique dessein ,
Représentant le Diable appuié sur sa main ,
Qui regarde trois sept avec une lunette.
En habit Monacal on a peint saint Guilein ,
    Et la Vieille en sale cornette.

A 2

EPIGRAMME.

UNe Fille d'un doux maintien,
    Vendoit un jour des citrons doux :
Un jeune homme lui dit, combien
Belle Fille les vendez vous ?
Je les vend, dit-elle, cinq fols.
        Cinq fols, dit il,
        Cinq coups de . . . ,
Tenez, Monfieur, ils font à vous,
Mais je ne fais point de crédit.

CONTE.

DEux Notaires un jour fe parloient dans
        la rue,
Quand un je ne fai qui les connoiffant tous
        deux,
    Se mit à piffer derriere eux,
A deffein d'y peter d'une façon congrue.
Le coup fait, l'un d'eux dit, pefte foit du
        puant,
De n'aller pas plus loin décharger fes affaires.
    Pardon Meffieurs, dit le paffant,
Ces chofes ne m'arrivent gueres,
    Si ce vilain fait gloire de fon fort,
C'eft franchement parce que deux Notaires,
Lui font l'honneur d'affifter à fa mort.

AUTRE.

LE tendre Rossignol & le galand Moineau
Egalement charmés de la jeune Fauvette,
    Sous les ombres d'un ormeau,
    Se parloient un soir d'amourette.
Ce petit Dieu aîlé par des tons doucereux,
Se forçoit d'amolir le cœur de cette belle,
Je vous serai, dit-il, toûjours tendre & fidele,
    Si vous voulez me rendre heureux.
    De mes douces chansons vous savez l'har-
        monie,
Elles ont merité le suffrage des Dieux,
    Desormais je les sacrifie
A chanter vos beautez, vos exploits en tous
    lieux.
Les Echos de leurs voix le rediront sans cesse,
Et j'aurai tant de soin de le rendre éclatant,
    Que votre cœur sera content,
    De voir l'excès de ma tendresse.
Et moi dit le Moineau, je vous baiserai
    tant.
A ces mots le procès fut fini à l'instant
En faveur de l'Oiseau qui porte gorge noire.
    L'on renvoia l'Oiseau chantant.
    Voilà la fin de mon histoire.

AUTRE.

LE bon Guillot commence tout,
    Et de rien il ne vient-à-bout ;
Pour moi tout franc je m'imagine,
A voir Guillot & fon fracas,
Que quand Guillot baife Claudine,
Il commence & n'acheve pas.

EPITAPHE.

JAdis, quand vous étiez au lit avec ma mere,
    Vous la ... beau Sire à ... rabatus ;
Mais la mort à prefent vous ... mon pauvre
    Pere.
Voyez quiconque ... tôt ou tard eft ...

CONTE.

LA PERDRIX.

LE jour de la pompe funébre,
    Qui de Verfaille à Saint-Denis,
Transféra les reftes benins,
Du corps d'une Reine célebre,
Le petit Peuple impatient,
D'atendre dans la pleine,
Y prit en fe divertiffant
Le plaifir d'une chaffe,
Utile & fans peine :
Cette chaffe fut aux Perdrix ;

AUTRE.

LE tendre Roſſignol & le galand Moineau
Egalement charmés de la jeune Fauvette,
 Sous les ombres d'un ormeau,
 Se parloient un ſoir d'amourette.
Ce petit Dieu aîlé par des tons doucereux,
Se forçoit d'amolir le cœur de cette belle,
Je vous ſerai, dit-il, toûjours tendre & fidele,
 Si vous voulez me rendre heureux.
De mes douces chanſons vous ſavez l'har-
  monie,
Elles ont merité le ſuffrage des Dieux,
 Deſormais je les ſacrifie
A chanter vos beautez, vos exploits en tous
 lieux.
Les Echos de leurs voix le rediront ſans ceſſe,
Et j'aurai tant de ſoin de le rendre éclatant,
 Que votre cœur ſera content,
 De voir l'excès de ma tendreſſe.
Et moi dit le Moineau, je vous baiſerai
 tant.
A ces mots le procès fut fini à l'inſtant
En faveur de l'Oiſeau qui porte gorge noire.
 L'on renvoia l'Oiſeau chantant.
 Voilà la fin de mon hiſtoire.

AUTRE.

LE bon Guillot commence tout,
  Et de rien il ne vient-à-bout ;
Pour moi tout franc je m'imagine,
A voir Guillot & son fracas,
Que quand Guillot baise Claudine,
Il commence & n'acheve pas.

EPITAPHE.

JAdis, quand vous étiez au lit avec ma mere,
  Vous la ... beau Sire à ... rabatus ;
Mais la mort à present vous ... mon pauvre
  Pere.
Voyez quiconque ... tôt ou tard est ...

CONTE.

LA PERDRIX.

LE jour de la pompe funébre,
  Qui de Versaille à Saint-Denis,
Transféra les restes benins,
Du corps d'une Reine célebre,
Le petit Peuple impatient,
D'atendre dans la pleine,
Y prit en se divertissant
Le plaisir d'une chasse,
Utile & sans peine :
Cette chasse fut aux Perdrix ;

Car le premier vol fait ,
Elles se laissoient prendre ,
Et donnoient aisément
Aux piéges qu'on leur vouloit tendre.
Une Dame assez plaisamment ,
En retint une sous sa Juppe :
La Perdrix fut prise pour duppe
Par un voisin que la Dame appella ,
Lequel la prit avec quelqu'autre chose ,
Que sans nommer chacun se pense.
La Dame aussi-tôt s'écria ,
Plus par façon , que par coûtume ,
Et dit , Voisin , arrête-là ,
Tu prens du poil avec la plume.

EPIGRAMME.

NOus passions Lise & moi auprès d'une
riviére,
D'où las de se baigner , Guillemin le Cocu ,
Tout à coup vint à sortir nud ,
Lise en fit trois pas en arriére.
Moi pour la rassurer , Belle, qu'avez-vous vû ?
Dis-je d'une voix assez forte ,
Cette homme a beau montrer son cul,
Il ne nous montrera jamais tout ce qu'il
porte.

CONTE.

UNe femme se confessa ,
Le confesseur à la sourdine ;

Derriére l'Autel la trouſſa
Pour lui donner la diſcipline.
L'Epoux non loin de là caché,
De miſericorde touché,
Offrit pour elle dos & feſſes.
La femme y conſentit d'abord;
Je ſens, dit-elle, ma foibleſſe,
Mon mari ſans doute eſt plus fort :
Sus donc, mon Pere, touchez fort;
Car je ſuis grande pécherefſe.

EPIGRAMME.

ON s'étonne ici que Caliſte,
   Ait pris l'Habit de Moliniſte.
Puiſque cette jeune beauté
Oſte à chacun ſa liberté,
N'eſt-ce pas une Janſéniſte ?

SUR L'AMOUR.

C'Eſt par les yeux que l'amour entre,
   Des yeux à la bouche il ſe rend :
Ainſi ce Dieu toujours deſcend,
Juſqu'à ce qu'il arrive au centre.

EPITAPHE D'UN SERGENT.

CY gît un Sergent cocu,
   De qui la Femme par coûtume,

Fit plus d'Exploits avec le cul,
Que lui n'en fit avec la plume.

EPITAPHE.

CY gît un grand Bâtier,
Nommé Mathieu Coulon,
Garçon bien fait, de bonne mine:
Il mourut travaillant un soir à son foulon,
Foulant le bas de sa voisine.

DE LA JUSTICE.

COnstamment la Justice a toûjours la ba-
lance,
Et c'est la même quautrefois:
Mais prénez-y bien garde, & vous verrez
qu'en France,
Elle n'a pas le même poids.

DE JEANNETON.

JEanneton à ce qu'on dit,
A Luc donna la vérolle;
Mais on ment sur ma parole,
Jeanneton la lui rendit.

RONDEAU.

A tâtons sans feu ni chandelle,
Seul assis auprès d'Isabelle,
Je lui disois, mon petit cœur,
Modere un péu de ta rigueur,
Et ne me sois plus si cruelle.

Je t'ai toûjours été fidéle,
L'occasion nous est très-belle,
Tu peux soulager ma douleur
A tâtons.

Ces mots l'ayant mise en humeur,
D'une impitoyable roideur ;
Je la jettai dans la ruelle,
Où montant dessus sans chandelle,
Je la, vous m'entendez, lecteur,
A tâtons.

AUTRE.

Suivant l'avis secret d'un Médecin habile,
Qui dans la Faculté occupe le premier
rang :
Iris cherche un garçon jeune, robuste, agile,
Prétendant se gnérir d'une fiévre indocile,
Par la transfusion du sang.

EPIGRAMME.

UN jour un Curé querelloit,
Un homme proche de sa femme,
Et s'emportant fort l'appelloit,
Traître, larron, coquin, infame.
A tout cela la bonne Dame
Ecoutoit & ne disoit mot ;
Mais venant à l'appeller sot,
Tout soudain dans l'excès du zéle,
D'une sainte dévotion :
Ha Messieurs ! le méchant, dit-elle,
Revele ma Confession.

SONNET.

NOn ferai, je ne ferai rien,
Je ne veux pas que l'on me touche,
Laissez mon honneur, il est bien,
Disoit une garce farouche
A un qui dressoit l'escarmouche,
Tout droit sur le bord d'un fossé :
C'est bien rudement repoussé,
Ce lui-dit-il, écoute-moi.
Qu'avez-vous, que craignez-vous ? Quoi,
Que l'on vous amoindrisse & ôte
L'honneur de dessous votre cotte.
C'est bien de quoi se tourmenter,

Allez vous n'êtes qu'une sotte,
Je le veux croître & augmenter.

CHANSON.

LA fille qui cause nos pleurs,
Est morte des pâles couleurs :
Au plus bel âge de sa vie.
Pauvre fille, que je te plains !
De mourir d'une maladie,
Dont il est tant de Médecins.

AUTRE.

VEnus manioit près de Mars,
Son Casque, son Glaive, ses Dards,
Armes de défense & d'attaque ;
En voici, lui cria soudain,
Le pétulant Dieu de l'Ampesaque,
De plus propres pour votre main.

L'OCCASION PERDUE

RECOUVRE'E.

UN jour le malheureux Lisandre,
Poussé d'une amour indiscret,
Attaquoit Cloris en secret,

Qui

Qui ne pouvoit plus se défendre ;
Tout favorisoit son amour,
L'astre, qui nous donne le jour,
Alloit porter ses feux dans l'onde,
Et cet ennemy de Cypris
Ne laissoit la lumiere au monde,
Que dans les beaux yeux de Cloris.
　Avec un amoureux silence,
Dans un secret apartement,
Elle suporte doucement,
Son amour & sa violence,
Ses bras qu'elle veut avancer,
Ne servent à le repousser,
Que pour l'attirer davantage :
Elle le souffre à ses genoux,
Et n'a presque pas le courage,
De lui dire, que faites-vous ?
　Avec un œil doux & sévere,
Elle envisage son Amant ;
Et lui montre confusément,
De l'amour & de la colére :
Lisandre (dit-elle tout bas)
Je crierai, car ne pensez pas,
Que je contente votre envie.
Cessez d'attaquer mon honneur,
Ou commencez d'avoir ma vie,
Comme vous avez eu mon cœur.
　Mais Lisandre aussi peu timide,
Qu'il étoit beaucoup amoureux,
Imprime l'ardeur de ses feux,
Sur les bords de sa bouche humide,
Et glisse sa brûlante main

B

Sur la neïge de son blanc sein ,
Dont il prétend fondre la glace ,
Et la tenant entre ses bras ,
Il ose élever son audace ,
Sur un lieu plus sain & plus bas.

  Là sans respect & sans relâche,
Il cherche l'objet de ses vœux ,
E trouve ce lieu bienheureux ,
Sous le cottillon qui le cache :
De ses doigts tremblans & hardis
Il prend le sombre Paradis ,
Qui donne l'enfer à nos ames ,
Ce trône vivant de l'amour ,
Où parmi les feux & les flâmes ,
L'on n'a jamais le jour.

  Attachez bouche contre bouche,
L'un & l'autre étroitement pris ,
Il ébranle si bien Cloris ,
Qu'il la jetta sur une couche ,
Lors qu'avec des yeux roulans ,
Demi-vifs & demi-mourans ,
Elle faignit d'être pâmée ,
Et dans un si prompt changement ,
Ne parut plus être animée ,
Que par des soûpirs seulement.

  A voir sa gorge toute nuë ,
Son corps tout du long étendu ,
L'on jugeoit qu'elle avoit perdu
Sa pudeur & sa retenuë ,
Que sa constance étoit à bout ,
Que son Lisandre pouvoit tout ,
Qu'elle se fût laissé tout faire ;

Mais par un accident fâcheux,
Que je dis & qui doit se taire,
Il ne se passa rien entr'eux.

    Prêt de goûter mille délices,
Ce triste & malheureux Amant,
Vit changer son contentement
En de très-rigoureux suplices :
Il étoit couché sur Cloris,
Lors qu'il demeura tout surpris,
D'une infortune sans séconde,
Et pour comble de son ennui,
Ce qui donna la vie au monde,
Demeura froid & mort pour lui.

    Cet Arc boutant de la nature,
Ce principe du mouvement,
Immobile & sans sentiment,
Perd sa vigueur & sa figure,
Lisandre a beau se tourmenter,
Il a beau le solliciter,
Et lui préparer des amorces,
Ce lâche qu'il excite en vain,
Au lieu de reprendre ses forces,
Pleure mollement en sa main.

    Dans cette cruelle avanture
Triste, desesperé, confus,
Ce pauvre Amant ne songe plus,
Qu'à renoncer à sa nature :
Dans sa furie & ses transports,
Craignant que malgré ses efforts,
On ne l'accuse d'impuissance,
Il prend par air languissant
Des témoins de son innocence,

Sur le crime auquel il consent.
  Cependant Cloris revenuë
De se feint assoupissement,
Porte les deux mains promptement
Dessus sa cuisse toute nuë :
Là par dessein ou par hazard,
Elle empoigna ce Dieu camard,
Ce chaud Priape de la Fable,
Mais le sentant froid & rampant,
Elle crut que c'étoit un Diable,
Sous la figure d'un serpent.
  Jamais une jeune Bergere
Ne retira si promptement,
Sa main, qui trouve innocemment,
Un Aspic dessous la fougere,
Que Cloris vit sa belle main,
Dessus ce membre lâche & vain,
Qu'elle toucha dessus sa robe:
Lors qu'avec un juste dépit,
Elle se leve & se dérobe,
Des bras de Lisandre & du lit.
  Dans la colére qui l'emporte,
Elle pousse ce pauvre Amant
Et sans l'écouter seulement
Se dispose à gagner la porte ;
Lors que Lisande à ses genoux,
Lui dit, Cloris, que faites vous?
Ah ! du moîns écoutez mes plaintes,
Et regardez dans mon malheur
Toutes les plus vives atteintes,
De l'amour & de la douleur,
  Ma cheré Cloris, je vous aime,

Plus que les délices des Cieux,
Plus que les hommes & les Dieux,
Et mille fois plus que moi même :
Je brûle d'une vive ardeur,
Et cette nouvelle froideur,
Ne vous doit pas sembler étrange :
Je sçais bien comme il faut aimer,
Mais pour m'ôter des bras d'un Ange,
Un Diable est venu me charmer.

   Quelqu'ennemi de la nature
Trouble mes sens & ma raison,
Et de son funeste poison,
Souille une flâme toute pure :
Peut-être sont-ce aussi les Dieux,
Qui se voyans moins glorieux,
M'ont voulu rendre miserable ;
Mais que di-je, ils sont innocens,
Cloris elle seule est coupable,
Elle seule a charmé mes sens.

   C'est sa beauté qui dans mon ame,
A joint le respect à l'amour,
C'est son œil plus beau que le jour,
Qui fait croître & mourir ma flâme ;
Heureux dans ma captivité,
Si j'osois avec liberté
Joüir d'une grace imprévûë,
Et de tous mes sens transportés,
Je n'ai réservé que la vûë,
Pour admirer tant de beautez.
Quoiqu'il en soit, mon adorable,
Avant que vous quittiez ces lieux,
Souffrez que je perce à vos yeux,

Un cœur fidele & miserable,
Afin que j'expie en mourant
Un crime si noir & si grand,
Qu'il choque la nature même,
Et que pour venger vos apas,
Ma mort vous temoigne que j'aime,
Puisque ma vie ne le fait pas.

Il alloit parler davantage,
Pour exprimer son desespoir,
Et peut-être qu'il eût fait voir
De sanglans effets de sa rage,
Lorsque l'arrêtant par le bras,
Cloris lui dit, ne parlez pas,
J'entens quelqu'un qui se promene,
Et je vois avecque grand bruit,
Porter dans la chambre prochaine,
Les sombres flambeaux de la nuit.

Soudain une voix entenduë
Redoubla son étonnement,
Et lui fit dire promptement,
Cher Lisandre, je suis perduë,
Ha ! cessez de me retenir,
C'est mon mari qui va venir,
Je l'entens : il est à la porte,
Il faut toûjours craindre un jaloux ;
Et vous, dont la vigueur est morte,
Comment lui résisterez-vous ?

Lors cette belle transportée
D'amour, de crainte & de souci,
Mena notre amoureux transi,
Près d'une fenêtre écartée,
Et sans beaucoup de compliment,

Il se glissa legérement ,
Et descendit dedans la ruë,
Où pressé d'un mortel ennui ,
Il fit long tems le pied de gruë ,
Et puis se retira chez lui.
  Frapé de la funeste envie ,
Qui fait la honte & le remors ,
Il souffrit plus de mille morts , .
Du malheur de sa propre vie :
Quoiqu'alors les jours fussent grands ,
Cette nuit lui dura mille ans :
Il ne put fermer la paupiére ,
Sur le point du jour seulement,
Honteux de revoir la lumiére ,
Il la ferma pour un moment.
  Le Soleil qui chasse les ombres ,
Et l'épouvantement de nuits ,
Loin de dissiper ses ennuis ,
Les rendit plus noirs & plus sombres ,
Quand il vit ce Pére du jour ,
Il crut par un excez d'amour
Voir de Cloris la belle image ;
Mais il connut dans un moment ,
Comme Ixion dans un nuage ,
Que son amour n'étoit que vent.
  Après mille secrettes gênes ,
Cet Amant par un digne éfort ,
Résolut de chercher la mort ,
Ou bien le remede à ses peines.
Ha ! je ne crains plus mon malheur ,
Je mourrai, dit-il, de douleur ,
Ou je reparerai ma gloire ,

Et quoiqu'il en soit dans ce jour,
Je remporterai la Victoire,
Ou de la mort, ou de l'amour.
　Le boüillant desir qui le presse,
Fait que d'abord après dîner,
Il sort, & se va promener,
Près le Logis de sa Maîtresse :
A peine y fut-il un moment,
Qu'il en vit sortir Dorimant,
Le vieux Mari de cette belle,
Et se glissant dans la maison,
Il alla chercher auprès d'elle,
Ou sa mort, ou sa guérison.
　Par une secrette avenuë,
Il fut dans son appartement,
Et la trouva nonchalamment,
Dormant sur son lit étenduë.
Mais, Dieu ! que devint-il alors?
En approchant de ce beau corps,
Il eut des mouvemens étranges,
Lors qu'une cuisse à découvert,
Lui fit voir le bonheur des Anges,
Et le Ciel de l'amour ouvert.
　Dans cette agréable surprise,
Où Cloris n'avoit pas songé,
Elle avoit assez mal rangé,
Et ses juppes & sa chemise :
Lisandre aussi trop curieux
Vit lors des délices des Dieux,
La peine & le plaisir des hommes,
Notre tombe & notre berceau,
Ce qui nous fait ce que nous sommes,

Et ce qui nous brûle dans l'eau.
  Nid branlant qui nous sert de muë,
Asyle où l'on est en danger,
Racourci qui fait alonger,
La chose la moins étenduë :
Fort qui se donne & qui se prend,
Oeil couvert qui rit en pleurant,
Bel œil, beau corail, bel yvoire,
Doux canal de vie & de mort,
Où pour acquerir de la gloire,
L'on fait naufrage dans le port.
  Petit Trésor de la nature,
Etroite & charmante prison,
Doux tyran de notre raison,
Fixe & mouvante sépulture,
Autel que l'on sert à genoux,
Dont l'offrande est le sang de tous ;
Sang-suë avide & liberale,
Roy de la honte & de l'honneur,
Permettez que ma plume étale,
Ce que Lisandre eut de bonheur.
  Beau composé, belle partie,
Je sçai bien que lorsqu'il vous vit,
Il n'observa dessus ce lit,
Ni l'honneur, ni la modestie ;
Mais d'amour & de charité,
Il couvrit votre nudité,
Pour faire évaporer sa flâme,
Et savoura tous les plaisirs,
Que le corps fait sentir à l'ame,
Dans le transport de nos desirs.
  Ce beau Dedale qu'il contemple

Avec des yeux étincelans,
Fait naître & couler dans ses sens
Une ardeur qui n'a point d'exemple;
Le feu qui consume son cœur,
Porte par tout sa vive ardeur,
Et brille enfin sur son visage;
Et ce lâche de l'autre jour,
Se roidissant d'un fier courage,
Ecume du feu de l'amour.

    Plein d'audace, d'ardeur & de joye,
De remporter un si beau prix,
Le galand sauta sur Cloris,
Comme un faucon dessus sa proye:
Quand cette belle ouvrant les yeux,
Vit Lisandre victorieux
Forcer ses défenses secretes,
Et la tenant par les deux bras,
Entrer tout fier de ses Conquêtes,
En un lieu qu'on ne nomme pas.

    Tandis que Cloris se tourmente
Par de doux & puissans efforts,
Et qu'elle agite tout son corps,
Pour sauver sa vertu mourante,
Son heureux Lisandre aux abbois
Roule les yeux & perd la voix,
L'amour fait écouler son ame :
Elle est toute prête à partir,
Il s'étend, il dort, il se pâme,
Et ne sent rien pour trop sentir.

    D'abord que son ame ravie,
De l'excès d'un plaisir si grand,
Fut par un soûpir tout brûlant,

Donner des signes de sa vie,
Cloris avec sa belle main ,
Ôta la bouche de son sein,
Où son Amant l'avoit collée ;
Et se déchargeant peu à peu ,
Honteuse de se voir moüillée,
Essuya l'eau qui vient du feu.
   Après une colere feinte
De tout ce qui s'estoit passé,
Un reste d'honneur offensé
Porta Cloris à cette plainte :
Ha ! dit - elle , c'est fait de moi :
J'ai faussé l'honneur & la foi,
Vous me perdez , cruel Lisandre.
Faut-il que malgré mon devoir ,
J'aye en un moment laissé prendre
Ce qu'on ne peut jamais ravoir ?
   Mais si pour une faute extrême
On peut trouver quelque couleur ,
Je puis dire dans mon malheur
Que j'ai failli parce que j'aime.
Amour ce maître imperieux ,
Force les hommes & les Dieux,
Et brûle les poissons dans l'onde :
Nul ne peut éviter ces coups ,
Et puisque tout aime en ce monde ,
Je puis brûler d'amour pour vous.
   C'est avec raison que mon ame
Reçoit l'amour d'un favori ;
Ces noms de vieux & de Maris
Font l'honneur d'une jeune femme :
Les Maris ces lâches tyrans,

Ne se sont faits nos conquerans,
Que contre le droit de nature,
Et c'est en pratiquer la loi,
D'aller chercher la nourritu,
Que l'on ne trouve pas chez soi.

  Mais ces hommes sont infideles,
Leur plus beau feu s'éteint en peu,
Et de tout l'amour qu'ils ont eu,
Ils n'en reservent que les aîles :
Esclaves de la liberté,
Ils font voir leur legereté
Dans leur geste ou dans leur langage,
Et pour un plaisir indiscret,
Ces oiseaux sortans de la cage,
Vont conter tout ce qu'ils ont fait.

  Trop juste & trop aimé Lisandre :
S'il en étoit ainsi de vous,
Je percerois de mille coups,
Ce cœur qui s'est laissé surprendre,
J'ai tout perdu pour vous gagner,
Voudriez-vous pour me ruiner,
Evanter mes secrettes flâmes,
Et tireriez-vous vanité
De la foiblesse d'une femme,
Et de votre legereté ?

  Ha ! que plûtôt la mort m'avienne,
Cria Lisandre à ce discours,
Dont pour interrompre le cours,
Il mit sa bouche sur la sienne.
L'élevant de terre il la prit,
Et la coucha dessus le lit,
Où je ne sçai pas ce qu'ils firent :

Je

Je croi bien qu'ils firent cela,
Puisque les amours qui les virent,
M'ont dit que le lit en branla.
　Ce fut alors qu'ils se pâmerent,
De l'excès des contentemens,
Que cinq ou six fois ces Amans
Moururent & ressusciterent :
Que bouche à bouche & corps à corps,
Tantôt vivans & tantôt morts
Leurs belles ames se baiserent,
Et que par d'agréables coups,
Entr'eux ils se communiquerent
Tout ce que l'amour a de doux.
　Muse, n'échauffez plus ma veine,
De grace, arrêtez-vous un peu,
Ou m'inspirez un autre feu,
Que celui de votre fontaine :
Je ne sçai quoi dedans mon cœur,
Se glisse avec tant de douceur,
Que je suis forcé de me rendre :
Ha! Cloris, quand je m'en souviens,
Je m'imagine être Lisandre,
Et me semble que je vous tiens.

LA JOUISSANCE

IMPARFAITE.

CAPRICE

Près mille amoureux discours,
Interrompus d'un long silence.

G

Elle repousse mes amours,
D'une agréable violence.

   Je sçai qu'en cette occasion,
Ce qui cause notre querelle,
Ce n'est pas son aversion,
Mais c'est la pudeur naturelle.

   Pour ses bras en vain resistans,
Ses yeux semblent me faire excuse,
Et je trouve qu'en même-temps,
Elle m'accepte & me refuse.
Pour favoriser mon dessein,
Et soulager mon mal extrême,
Le linge qui couvroit son sein,
Est tombé presque de lui-même.

   Aïant porté ses belles mains
Dessus ces deux globes d'albâtre,
Je baise les doigts inhumains,
Qui cachent ce que j'idolâtre.
Helas ! à quoî, dis-je, vous sert
D'être à mon amour si farouche !
Vos mains ont votre sein couvert,
Et m'ont découvert votre bouche,

   Vous faites autant de pechez,
Que vous m'ôtez de belles choses,
Mais pour les Lys que vous cachez,
Je m'en vas bien cuëillir des Roses.

   Dieux ! que cette bouche a d'apas,
Que tout ce visage a de graces !
Cent mains ne vous suffiroient pas,
Pour garder tant de si belles places;

   Ici la constance est à bout,
Toute sa force est allentie,

Elle aime mieux me donner tout,
Que d'en ceder une partie.
  Au lieu donc de me repousser,
Ses bras sans aucune contrainte
Ne servent plus qu'à m'embrasser,
D'une amoureuse & molle étreinte.
  Son amour dans ses yeux se lit,
J'y connois son inquiétude :
Elle tombe dessus le lit,
Plus d'amour que de lassitude.
  Par l'ardeur de sa passion,
Toute sa personne est émûë,
Et son imagination,
Trouble lascivement sa vuë.
  Déja sa gorge s'enfle un peu,
Et (j'ai de la peine à le croire,)
J'apperçois l'éclat d'un beau feu,
Entre deux colomnes d'yvoire.
  Mais, ô foible contentement !
Passion qui n'a point d'exemple,
Mon vain devoir en un moment,
Se rend a la porte du temple.
  Incomparable affliction !
Une Ville après cent batailles,
Se rend à ma discretion,
Et je meurs au pied des murailles !
  Nous faisons mais separément,
Ce qu'ensemble nous devions faire,
Et sans le vif attouchement,
S'acheve l'amoureux mystére.
  Ici nos amours sont punis,
Par l'excez de leur propres flâmes,

C 2

Et nos deux corps seroient unis,
Si nous n'eussions unis nos ames.
    Helas ! c'est trop tôt achever,
Lui dis-je la voyant fâchée,
Et honteuse de se lever,
Aussi tôt qu'elle fut couchée.
    Si je n'ai duré qu'un moment,
Accusez en votre constance,
La moitié du chatouillement,
S'est passée en la resistance.
    D'une si nuisible vertu,
Ne faites jamais tant de gloire,
Si vous n'eussiez point combatu,
Vous eussiez gagné la victoire.
    Mon défaut vous est glorieux,
Ne le prenez pas pour un crime,
Un feu lancé de vos beaux yeux
A brûlé toute la Victime.
    L'amour par l'admiration,
Et par le désir suspenduë,
Est cause que sans action,
La volupté s'est répanduë.
    Excusez donc mon chaud désir,
Et vous consolez, Isabelle,
Vous eussiez eu plus de plaisir,
Si vous eussiez été moins belle.

IMITATION
DU PASTOR FIDO.

UNique sujet de ma flâme,
Myrtille si tu pouvois sçavoir
Ce qui se passe dans mon ame,
Sans doute on te verroit avoir,
Pour cette Amarillis que tu nommes cruelle,
Cette même pitié que tu demandes d'elle.
  Quoique tous deux Amans, quoique tous
    deux aimés,
Et d'un même feu consommés,
De notre amour pourtant le malheur est ex-
    trême,
Car enfin, aimable Berger,
De quoi me sert-il que je t'aime,
Si je ne te puis soulager ?
Ou de quoi me sert-il qu'un Amant si fidele
Brûle aujourd'hui pour moi d'une flâme si
    belle ?
  Destin pour nous trop rigoureux,
Par quel ordre injuste & barbare,
Faut-il que le Ciel nous sépare,
Si l'amour nous unit tous deux de mêmes
    nœuds ?
Ou par quel étrange caprice
Faut-il que le Ciel nous unisse,
Si l'amour plus puissant nous sépare tous
    deux ?

C 3

   Que votre bonheur est extrême,
Cruels Lions, sauvages Ours,
Vous qui n'avez dans vos amours
D'autre regle que l'amour même !
Que j'envie un semblable sort,
Et que nous sommes malheureuses,
Nous par qui les Loix rigoureuses,
Punissent l'amour par la mort !
   Ha ! que l'on aime peu quand on craint de
      mourir !
Myrtille, plût au Ciel qu'une mort inhumai-
    ne,
Fût du péché la seule peine !
Je ferois gloire d'y courir,
Seule regle des belles ames,
Et le premier Dieu de mon cœur,
Honneur, voi que je fais à ta sainte rigueur
Un sacrifice de mes flâmes.
   Si l'Instinct, ou la Loi par un effet con-
    traire
Ont également attaché,
L'un tant de douceur au péché,
L'autre des peines si sevéres,
Sans doute, ou la nature est imparfaite en
    soi,
Qui nous donne un penchant qui condamne
    la Loy,
Ou la Loi doit passer pour une Loi trop
    dure,
Qui condamne un penchant que donne la
    nature.
   Et toi cher & parfait Amant,

Pardonne à cette malheureufe,
Qui te maltraite apparemment,
Mais qui doit être rigoureufe
Par néceffité feulement.

Ha ! fi tu veux tirer vengeance
De tes feux mal récompenfez,
Sçache que ta propre fouffrance
Me punit & te venge affez ;
Car enfin s'il eft véritable,
Que tu fois mon ame & mon cœur,
Comme tu l'es, quelque rigueur
Qu'exerce contre toi le Ciel impitoïable,
Toutes les fois que tes douleurs
Te font ou foûpirer ou repandre des pleurs ;
Ces pleurs que tu répans, c'eft mon fang que
tu verfes,
Par ces cruels foûpirs qui te fortent du fein,
C'eft mon propre fein que tu perces.
Toutes ces peines enfin , ces cruautez di-
verfes :
Que l'amour & le fort te font fouffrir pour
moy,
Je les reffens encor plus vivement que toi.

SUR LE MARIAGE

DU ROY.

EPIGRAMME.

ENfin par cette Paix fi faintement jurée,
La France fur l'Efpagne a maintenu fon
rang ,

Ils sont tous deux aux prises, & c'est chose
 averée,
Qu'il en coûte à l'Espagne encore un peu
 de sang.

CONTRE LA FEMME

D'UN MONOPOLEUR.

EPIGRAMME.

IL ne vous est pas difficile
De tant bâtir aux champs aussi bien qu'à
 la Ville.
Tout rit au gré de vos désirs,
Vous vivez de nos plaisirs,
La fortune vous idolâtre ;
Hélas ! qui peut bâtir plus aisément que
 vous ?
Le bois croît sur le chef de Monsieur votre
 Epoux,
Et vous ne manquez point de plâtre.

EPITAPHE.

DE MADAME DE G.***

CY gît la Mere criminelle,
Cy gît le malheureux enfant,
Qui reposoit dedans le flanc

De cette Marâtre cruelle :
Cet enfant que le crime a fait,
N'eſt pas conçû qu'il eſt défait :
L'honneur en fait une victime,
Et la main qui fut ſon Bourreau,
Pour mieux faire éclater ſon crime,
Mit la Mere & l'Enfant dans le même Tom-
beau.

AUTRE DE ✱ ✱ ✱

J'Ay cajolé toute ma vie,
  Cloris, Amarante & Sylvie,
  Et dans ce tenebreux ſéjour,
  Si les Iris & les Climenes,
  Qu'on y voit venir chaque jour,
  Pouvoient encore oüir mes peines,
Je jure foi de mort, que j'irois tour à tour
  Leur parler encore d'amour.

Autre de la Chienne de Mad. ....

CY gît la pauvre Seigneurine,
  Chienne ſans égale & ſans prix :
Son bon ſens & ſa bonne mine
Ravirent à leur tour nos yeux & nos eſprits.
  Après quatre luſtres de vie,
  Sans qu'amour ait foüillé ſon cœur,
A la barbe des Chiens dont elle fut ſuivie,
  Elle mourut Chienne d'honneur.
  Que dis tu de cette nouvelle ?
  Ne connois-tu pas, cher Lecteur,
  Mille femmes plus chiennes qu'elle ?

AUTRE.

Gaultier, Guillaume & Turlupin,
Qui mettoient le monde en liesse,
Ont tous trois rencontré leur fin,
Avant qu'avoir vû leur vieillesse.
Passant, tu n'arrêteras pas :
Si tu veux sçavoir leur trépas,
En un mot je te le vais dire :
Sçache que la mort prend son tems,
De retirer les Charlatans,
Quand personne ne veut plus rire.

POUR CROMUEL.

SONNET.

Que contre mon pouvoir toute la terre
   gronde,
Que tous les Souverains m'attaquent à la
   fois,
Et que je sois blâmé d'une commune voix,
Ma gloire durera jusqu'à la fin du monde.
   Ma puissance a paru sur la terre & sur
   l'onde,
Au seul bruit de mon nom j'ai fait trembler
   les Rois,
De mon propre Païs j'ai renversé les Loix,
Et je meurs glorieux dans une Paix profon-
   de.

De mes plus chers amis je me suis défié,
A mon ambition j'ai tout sacrifié,
Et même de mon Roi j'ai fait une victime.

　Il est vrai que je suis criminel en éfet,
Mais jamais un mortel n'a sçû porter son
　　crime
Avec tant de succés, ni si loin que j'ai fait.

CONTRE CROMUEL

SONNET.

TOi contre qui le Ciel par son tonnerre
　　gronde,
Et que tous les Démons attaquent à la fois,
Parricide, maudit d'une commune voix,
Tes tourmens dureront plus long-tems que
　le monde.

　Ta furie a paru sur la terre & sur l'onde,
Ton nom sera toûjours abominable aux Rois
Ton Païs en ta mort a rétabli ses Loix,
Et se voit aujourd'hui dans une Paix pro-
　fonde.

　Scélerat, peux-tu dire avoir eu des amis,
En ce noir attentat que toi seul a commis,
Toi seul a dévoré l'innocente victime,

　Monstre de l'Angleterre, assassin de ton
　　Roi,
Tu peux bien te vanter d'avoir fait un grand
　　crime,
Car nul autre en enfer n'est plus damné que
　toy.

SONNET ENIGMATIQUE

J'Ai vû tantôt quelqu'un manier doucement
Quelque chose de creux coûvert d'un poil
  volage,
Et mettre au beau milieu qu'il ouvroit assez
  large,
Un gros chose nerveux & tendu roidement.
  La Dame s'écrioit, faites tout doucement,
Hélas! il n'est pas bien, vous gâtez tout l'ou-
  vrage:
Lors pour lui obéir & plaire davantage,
L'ôtoit, mais remettoit aussi soudainement.
  Ils ont été long-temps ensemble à cette
  affaire,
Toutefois peu à peu ils ont si bien sçû faire,
Qu'enfin ils sont venus à bout de leurs des-
  seins.
  Je ne sçai qu'ils faisoient, néanmoins je
  me doute,
Que l'homme enduroit fort & travailloit des
  reins,
Aussi quand ce fut fait, il suoit goute à goute.
         Le Bas de chausse.

ENIGME.

JE suis un instrument roide & dur comme
  fer,
De longueur environ de dix ou douze pouces:
          Souvent

Souvent près du nombril avec force je pousse,
Dans un lieu plus obscur que n'est celui d'enfer.

Le busc.

AUTRE.

J'Ai deux trous fort voisins & velus tout au-
tour,
Les Membres les plus froids y trouveront leur
compte,
Puisqu'il y fait chaud ainsi que dans un Four.

Le Manchon.

AUTRE.

L'On voit deux petits monts à l'entour de
ma fente,
J'ai de la barbe aux deux côtez,
J'ai quelquefois une liqueur gluante,
Souvent des linges en ont été gâtez.
Je puis obliger bien des hommes,
Les plus galantes mains me font souvent la
Cour,
Je suis fort utile en Amour,
Particulierement dans le tems où nous som-
mes.
Mon origine est auprès du Cul,
Tant soit peu plus haut que les Cuisses,
Quand vous me connoîtrez, vous serez con-
vaincus,

D

Que j'aï rendu de bons & de mauvais offices.
                                    La Plume.

HISTORIETTE.

SOeur Claude ayant fait un Poupon,
Jeûnoit, vivoit en sainte fille,
Toûjours étoit en oraison,
Et toûjours ses Sœurs à la grille.
Un jour donc l'Abesse leur dit :
Vivez comme Sœur Claude vit,
Fuyez le monde & sa sequelle.
Toutes reprirent à l'instant,
Nous serons aussi sage qu'elle,
Quand nous en aurons fait autant.

AUTRE,

UN jour que Madame dormoit,
Monsieur baisoit la Chambriere ;
Mais elle qui la danse aimoit,
Remuoit fort bien le derriere.
La galante enfin toute fiere,
Lui dit : Monsieur par votre foi,
Qui le fait mieux, Madame, ou moi ?
C'est toi, dit-il, sans contredit.
Vraiment, dit-elle, je le croi,
Car tout le monde me le dit.

EPIGRAMME.

PAul vend fa Maifon de faint Cloud
 A maints Créanciers engagée :
Il dit que c'eft qu'il en eft faoul,
Je le croi, car il l'a mangée.

SONNET

Contre le babil des Femmes.

LOrs qu'Adam vit cette Beauté,
 Faite d'une main immortelle,
S'il l'aima, Eve de fon côté,
Dont bien nous prit, ne fit pas la cruelle.
 Je croi, Thirfis, qu'alors en vérité
Elle lui fut femme fidéle ;
Mais comme quoine l'auroit-elle été ?
Elle n'avoit qu'un feul homme avec elle.
 Or en cela nous nous trompons tous deux :
Car bien qu'Adam fût jeune & vigoureux,
Bien fait de corps, & d'efprit agréable.
 Eve aima mieux pour s'en faire conter,
Prêter l'oreille aux fleurettes du Diable,
Que d'être femme, & ne pas caqueter.

BAISER

D'AMYNTE ET DE PHILIS.

DIALOGUE.

Amynte.

PUisque le frais de cette ombrage,
  Que l'amour destine aux plaisirs,
Semble réveiller nos désirs,
Pour en recommencer l'usage ;
Philis, puisque ce mol gazon,
Pendant cette ardente saison,
Nous offre une amoureuse couche,
Si tu m'aimes, comme je crois ,
Approche cette belle bouche,
Je la veux baiser mille fois.

Philis.

Baisons-nous, ame de mon ame,
Je ne sçaurois te refuser,
Collons nos lévres d'un baiser ;
Qui renouvelle notre flâme :
Amynte, mon unique bien,
Si de ton vouloir & du mien
Amour ne fait qu'une pensée,
Inventons un baiser si doux,
Que dessus ma bouche pressée,
Nos cœurs se baisent comme nous.

Amynte.

O que c'est une douce chose,

De succer ce Corail vermeil !
C'est boire un Nectar sans pareil,
Dedans une coupe de rose.
Veux-tu voir un objet plaisant ?
Philis, regarde en me baisant,
Ces deux Pigeons qui nous imitent :
Unissant leurs becs amoureux,
Dirois-tu pas qu'il nous invitent,
A faire sans cesse comme eux ?

Philis.

Tes baisers sont ma seule envie,
Amynte, mon plus cher souci,
Et rien ne se présente ici,
Qui ne m'en augmente l'envie :
Le Soleil avec ses rayons,
Baise les fleurs que nous voyons,
L'eau baise le bords des Prairies,
Et les agréables soûpirs,
Qui battent les Plaines fleuries,
Ce sont les baisers des Zéphirs.

Amynte.

Mais d'où vient que je t'ai baisée,
Que tous mes sens d'aise ravis,
Gardent encor à mon avis,
Un goût de manne & de rosée.
Ganiméde a beau se vanter
De ce qu'il verse à Jupiter
Le Miel, le Sucre & l'Ambroisie,
Et tout ce que boivent les Dieux,
Ne m'ôtent point la fantaisie,
Que tes baisers ne valent mieux.

D 3

Philis.

Amynte, ce plaisir est extrême,
Et ces douceurs que tu ressens,
Touchent également mes sens,
Et me ravissent tout de même :
Les contentemens infinis,
Qui tiennent nos esprits unis,
Donnent pareil goût à nôtre ame,
Dont l'ardeur ne peut s'appaiser,
Que quand l'un & l'autre se pâme
Dans un réciproque baiser.

Amynte.

Heureux transports, douces saillies,
Agréable & chere langueur,
Qui fait renaître la vigueur
Dedans nos forces défaillies :
Vive source de voluptez,
Où nos esprits sont enchantez,
Belle bouche que je vous aime,
Et que j'aurois un heureux sort,
Si réduit au soûpir extrême,
Je le rendois sur votre bord !

Philis.

C'est un délice incomparable,
Quand deux baisers bien entendus,
Aussi tôt donnez que rendus,
Font une chaîne inséparable :
L'esprit même à peine conçoit,
Qui les donne, & qui les reçoit,
Ainsi sur nos lévres collées,
Dix mille baisers enchaînez,
Rendent les espéces mêlées,

Et des reçûs & des donnez.

Amynte.

O que cette façon est bonne !
Pratiquons-la sans reposer :
Eprouvons comme un seul baiser
Ote la vie & la redonne.
Serre-moi donc, mon cher souci,
Voi-tu sur ce tronc près d'ici,
Ce verd lierre qui l'enlasse ;
Je ne veux baiser d'aujourd'hui,
Si tu ne jures que j'embrasse
Plus amoureusement que lui.

Philis.

Ha ! tu me mets tout en desordre,
Relâche un peu ton éfort,
Si tu me serres plus si fort,
Je jure que je te vais mordre :
On voit à mes habits froissez,
Que nous nous sommes embrassez :
Toutefois quoiqu'il en avienne,
Ma bouche avec tous ses apas
S'en va si bien fermer la tienne,
Qu'au moins tu ne le diras pas.

Amynte.

Philis, que ta langue est mignarde,
Qu'elle repousse doucement,
Avec son petit mouvement,
Les traits que la mienne lui darde :
Elle rencontre une liqueur,
Que je sens jusques dans le cœur,
Tout aussi-tôt que je te baise,
Tu me l'enyvre de poison ;

Mais toutefois elle est bien-aise,
Quand tu la retiens en prison.

Philis.

Tu me fais mourir, Cher Amynte !
Je ne sçais plus ce que je fais,
Tes baisers versent à longs traits
La flâme, le Miel & l'Absinte.
Tous mes sentimens sont perdus,
Je me pâme, je n'en puis plus,
Je brûle, je pers la parole,
Et de crainte de s'embraser,
Je croi que mon ame s'envole,
Dans un réciproque baiser.

Amynte.

Hà, que tu me plais de la sorte,
Avec ce regard languissant,
Ces soupirs coupez en naissant,
Et cette voix à demi-morte !
Tous les lis de ton teint doüillet
Ont pris la couleur d'un œillet ;
Tes tetons tremoussent plus vîte,
En vain caches tu tes désirs,
Philis, ton silence m'invite
Au dernier de tous les plaisirs.

MADRIGAL.

Tout ici baise, Jeanneton,
Ton mouchoir baise ton teton ;
Tes cheveux se baisent & rebaisent,
Je vois tes lévres se baiser :

Et si toutes choses se baisent,
Voudrois-tu bien me refuser ?

HISTORIETTE.

L'Autre jour étant chez Climene,
Après de longs regards & de fréquens
    soûpirs,
Enfin, je me hazarde, & lui montre ma
    peine,
Et d'un cœur amoureux tous les brûlans dé-
    sirs :
Je la prens, je la presse : Hé ! quoi dis-je,
    cruelle,
Laisserez-vous mourir un Amant si fidéle?
Je la voi qui pâlit & rougit aussi-tôt,
    Elle se trouble, elle soûpire;
Mais, hélas ! sur le point d'adoucir mon
    martyre,
La belle s'aperçût qu'on nous voyoit d'en
    haut.

EPIGRAMME.

Sigismonde est la plus friande,
Qui soit en l'amoureux réduit,
Gratis elle accorde une nuit
A quiconque la lui demande.
Son Galand qui vient de Hollande,
Poussé de son jaloux dépit,

Jure que le Ciel le confonde,
S'il ne va daguer dans son lit,
Tous ceux qui baisent Sigismonde.
Tenez-le, s'il fait ce qu'il dit,
Il fera mourir tout le monde.

SUR UNE PESCHE.

JE faisois la guerre aux Poissons,
Et préparois mes Hameçons,
Tout du long des bords de la Seine,
Lors que je vis passer Climene,
Qui de vous n'en seroit surpris?
Je pensois prendre, je fus pris.

SUR UNE MOUCHE.

SI vous-même, adorable Lise,
Prîtes la mouche qui vola
Sur vous par dessous la chemise,
Je n'ai rien à dire à cela;
Mais si quelqu'homme s'en mêla,
Certainement c'est mal l'entendre;
Quand la main d'un homme en est-là,
Sont-ce des mouches qu'il faut prendre.

CONTRAT D'INCLINATION.

PAR devant nous fils de Cythére,
Et Dieu de l'amoureux Mystére,
Sont convenus les soussignés,

Des faits ici mentionnés.

C'eſt à ſçavoir que Poléandre
Promet en tous lieux qu'il ſera,
D'aimer Fériſe, & de lui rendre
Autant de devoirs qu'il pourra.

Qu'il lui ſera toujours fidéle,
Et que comme un Amant diſcret,
Sur les faveurs qu'il aura d'elle,
Il ſçaura garder le ſecret.

Qu'il lui proteſte, qu'il s'engage
De ne jamais paſſer un jour,
Sans lui donner un témoignage,
De ſa flâme & de ſon amour.

Que s'il manquoit à cette choſe,
Le lendemain ſans delayer,
Il s'oblige à la double choſe,
Et l'arrérage lui payer.

Que dans cet état pour lui plaire,
Il fera de puiſſans efforts,
Et pour ſortir de cette affaire,
Qu'il y ſera contraint par corps.

Que de ſa part auſſi Fériſe
Agiſſant réciproquement,
Promet d'aimer quoiqu'on en diſe,
Son Poléandre uniquement.

Qu'étant de nature ſenſible,
A ce qui donne du plaiſir,
Elle agira toujours de ſorte,
Pour ſatisfaire à ſon déſir.

Qu'avec ſon humeur accorte,
Et le pouvoir de ſa beauté,
Elle agira toujours de ſorte,

Que le droit soit de son côté.

De plus qu'étant d'intelligence,
L'un sur l'autre se réglera,
Et que par tout la complaisance
Aux petits défauts supléera.

Qu'ils feront ce que bon leur semble,
Qu'ils se baiseront volontiers,
Et qu'ils ne feront point ensemble,
Qu'Amour ne leur serve de tiers.

Que rien ne troublera leur joye,
Qu'ils seront unis à jamais;
Et que leurs jours filés de soye
Seront enviez desormais.

Le dernier d'Août fait à Charonne,
Témoins quantité de personnes,
Qui honoreront le Cadeau,
D'un jeune Abbé plus grave que beau.

EPIGRAMME.

BLaise est de si bonne amitié,
Qu'un jour voyant sá Femme en couche,
Le pauvre en eut tant de pitié,
Qu'il devint plus froid qu'une souche:
Elle au plus fort de ses douleurs,
Pour l'appaiser, étrange chose,
Ce ne sera, dit-elle, rien,
Taisez-vous, Blaise, je sçai bien
Que vous n'en êtes pas la cause.

SONNET.

SONNET.

PArmi les doux excès d'une amitié fi-
déle,
Je voyois près d'Iris couler mes heureux
jours.
Iris que j'aime encor, & que j'aimay tou-
jours,
Brûloit des mêmes feux dont je brûlois pour
elle :
Quand par l'ordre du Ciel une fiévre
cruelle,
M'enleva cet objet de mes chastes amours,
Et de tous mes plaisirs interrompant le cours,
Me laissa de regrets une suite éternelle.
Ah ! qu'un si rude coup étonna mes es-
prits !
Que je versai de pleurs ! que je poussai de
cris !
De combien de douleurs ma douleur fut
suivie !
Iris, tu fus alors moins à plaindre que
moi,
Et bien qu'un triste sort t'ait fait perdre la vie,
Helas ! en te perdant, j'ai plus perdu que toi.

FOLIE.

MAdemoiselle Julie,
Ma foi vous êtes jolie,

Vous avez les yeux bien doux :
Votre humeur est agréable
Un Galant considerable ,
S'accommoderoit de vous.

EPIGRAMME.

CE Roman sans exemple en mes mains est
　　　tombé ,
Mais j'en trouve l'auteur difficile à connoître :
Si j'en crois ses Amis c'est un sçavant Abbé ;
Si j'en crois ses écrits , ce n'est qu'un pauvre
　　　Prêtre.

AUTRE.

ON disoit qu'à plaider Blaise n'entendoit
　　　rien ,
Qu'il étoit Orateur sans feu , sans éloquence.
Que le monde est méchant ! C'est une médi-
　　　sance ,
Il tempête , il clabaude , & se demene bien.

STANCES GALANTES.

C'Est un Amant , ouvrez la porte,
Il est plein d'amour est de foi ,
Que faites-vous : êtes vous morte ?
Ou ne l'êtes-vous que pour moi ?
Si vous n'êtes pas éveillée ,

Je ne veux point quitter ce lieu ;
Si vous n'êtes pas habillée,
Que je vous voye, & puis adieu.
  Voulez-vous qu'ici je demeure,
Demi-mort, tremblant, & jaloux ;
Helas ! s'il vous plaît que je meure,
Que ce soit au moins devans vous.
  Ha ! vous ouvrez, belle farouche,
J'entens la clef, c'est votre voix :
O belle main ! ô belle bouche !
Qe je vous baise mille fois.

MADRIGAL.

Tyrsis comme vous m'en priez
  Par un petit billet en Prose,
Pour Lise , & pour Daphnis depuis peu
      mariez,
  J'ai voulu faire quelque chose :
  Pour l'Epoux j'ai mal réüssi ;
  Mais pour l'Epouse jeune & belle,
Je serai ce qu'il faut ; mais ce n'est pas ici :
  Il faudra le faire avec elle.

AUTRE.

L'Heureux Daphnis est mort d'amour,
  Entre les bras de la belle Uranie :
Que je serois heureux si j'en faisois un jour
Autant entre ceux de Sylvie !

AUTRE.

JOüerez-vous éternellement ?
  Vous qui jouez si malheureusement,
    Disoit une Dame à son Frere :
Je quitterai le jeu, reprit-il en colére,
  Quand vous quitterez vos amours,
O le méchant ! dit-elle, il veut joüer toû-
    jours.

AUTRE.

HElas que m'a fait Celimene !
  C'est une trahison d'Amour
Je soûpire depuis le jour,
Que me baisa cette inhumaine ;
Dois je pas appeller rigueur
Un baiser qui m'ôta le cœur.

EPIGRAMME.

SYlvanire & Daphnis après tant de remise,
  Ce sont mis à la fin dans ce fâcheux lien ;
Mais, quand Daphnis la vit toute nuë en che-
    mise,
Il s'écria surpris, Ah que j'aime le bien !
Et que j'aurai pour mes riches amours,
D'étranges nuits pour de beaux jours.

AUTRE.

A Ces yeux doux & languiſſans,
  A ce teint blême, à cette ame ſi belle,
A ce je ne ſçai quoi, qui charme tous mes
    ſens,
Qui l'auroit dit, Philis, que vous ſeriez
    cruelle ?

MADRIGAL.

TU te vantes d'être fort belle,
  Tu te vantes d'être Pucelle,
Margot, ſonge à te repentir :
C'eſt un péche que de mentir.

ORAISON A L'AMOUR.

PEtit Dieu plus doux que le Miel,
  Amour les délices du Ciel,
Amour les plaiſirs de la Terre,
Amour, dont l'Arc & le Carquois,
Sont plus à craindre mille fois,
Que le flamboyant Cymeterre,
De Mars ce grand foudre de guerre,
Ouvre l'oreille à notre voix.
Deux cœurs qu'un ſeul déſir enſemble
Aujourd'hui te prians enſemble,

De conserver leur union,
Sans que jamais débat ni noise ;
Sans que l'inconstance Françoise
Dénoüent leur affection ;
Verse sur eux un million,
De ces petits torrens de joye,
Que goûtent les chers favoris,
Qui sans cesse dedans Cythere,
Font la Cour à ta douce Mere,
Avec les graces & les ris ;
Bel amour, daigne leur apprendre
Ce doux, ce sensible & ce tendre,
Fais que toujours plein de désirs,
Leur cœur te fasse un sacrifice,
Que leur plaisir point ne finisse,
Qu'il n'en naisse d'autres plaisirs ;
Fais qu'ils soient exempts de soûpirs,
D'ennuis, de craintes & de larmes,
Et de ces fâcheuses allarmes,
Qui font tant de pauvres Martyrs.
Petit Dieu, qui n'aime la noise,
Fais que ce cher couple soit aise,
Comme s'il étoit dans la gloire,
Où tous pleins de felicité,
Sans cesse ils ne feront que boire,
De ces torrens de volupté ;
Amour, entens notre priére,
Nous te prions à jointes mains,
Par les mérites de ta Mere,
Dont les sentimens sont humains ;
Que si ton feu nous est propice,
Nous t'offrirons en sacrifice,

Six Pigeons blancs tous des plus beaux,
Avec autant de Paſſereaux.

___

S O N N E T.

JAmais en deux Amans on ne vit tant de
    charmes,
Et rien de ſi parfait ne s'eſt vû ſous les Cieux:
Daphnis par cent exploits s'eſt rendu glo-
    rieux,
Et Diane par tout a fait rendre les armes.
    Sa fierté redoutable a bien coûté des lar-
    mes,
Quand ſa beauté s'eſt fait adorer en tout
    lieux,
Et l'on a vû Daphnis d'un front audacieux,
Demeurer intrépide au milieu des allarmes.
    Cependant ce grand cœur ſe ſoûmet à
    l'amour :
Cependant cette fiére eſt vaincuë à ſon tour;
Tous deux ſe ſont rendus l'un à l'autre ſans
    guerre.
    Ils ſe trouvent cent fois plus heureux
    dans leurs fers,
Que ſi l'un par ſon bras domptoit toute la
    terre,
Ou l'autre par les yeux ſurmontoit l'Uni-
    vers.

A DIANNE QUI S'ALLOIT MARIER.

Diane qu'on croyoit si contraire aux
    Amans,
  Qui paroissoit si terrible & si fiére,
  N'est plus maintenant si sevére,
Elle se fâche enfin de mal passer son tems,
    Durant la fleur de son Printems.
    Cette entreprise est bien hardie ;
    Mais peut-on sans être indiscret,
    Réveler un si grand secret :
Le puis je dire ? ô Dieu ! Diane se marie.

ÉPIGRAMME SUR UNE FILLE
qui cherchoit à se marier.

Vous vous étonnez qu'Amarante
  Ait de magnifiques habits :
Vraiment vous êtes étourdis,
De l'estimer extravagante !
Elle est laide ; mais c'est tout-un,
Elle tâche à tromper quelqu'un.

LE BUSQUE

Plus que moi Busque fortuné,
  Va servir d'un appui fidéle,
Au sein charmant de cette belle,
Dont l'amour me tient enchaîné :
Fais-la souvenir à toute heure,

Que si pour loyer de ma foi,
Je n'y suis plus avant que toi,
Il faudra bien-tôt que je meure,
Et ne soûfre jamais que moi,
Dans cette agréable demeure.

Si quelqu'Amant audacieux,
Dont mon Orante ait blessé l'ame,
Cherche à sa blessure un dictame,
En cet endroit délicieux ;
Arme contre son insolence,
Le courroux de cette beauté ;
Si bien que sa témerité,
S'abatte sous ta résistance,
Et que son dessein avorté,
Traine après soi la repentance.

Mais quand ces précieux momens,
Que promet le Ciel favorable,
A ma constance inébranlable,
Viendront sur les aîles du tems,
Pendant ses amoureuses crises,
Dont j'attens des effets si doux,
Busque, n'oppose point ces coups
A l'ardeur de mes entreprises,
Et malgré le fiel des jaloux,
Tiens toi calme, & nous laisse aux prises.

MADRIGAL.

JE n'ai pu gagner sur Climene.
Qu'elle reçût de moi des gans ni des bi-
joux,

Elle m'a refuſé juſqu'à des citrons doux,
Juſqu'à des évantails & de la porcelaine.
    Elle croyoit me ruiner,
    D'un bal, d'un cadeau, d'un dîner,
    Dieux ! que ce penſer m'importune,
    Et qu'elle voit peut clair en ma fortune !
Serai je pas trop riche en poſſedant ſon
    cœur,
    Ou ſi dans mon amour fidéle,
    Par un effet de mon malheur,
    Je ſuis haï de cette belle,
Mon mal étant de ceux dont on ne peut
    guérir,
Qu'ai-je affaire de biens lorſqu'il me faut
    mourir?

SUR UNE DEBAUCHE.

SONNET.

Quel aimable Chaos vois je ſur ce tré-
    teau,
Que de charmans objets entourent cette
    pinte ;
C,a trinquons ; mais qu'au moins ni que-
    relle ni quinte,
Ne nous faſſe emporter, ſi ce n'eſt contre
    l'eau,
    Que de tous nos plaiſirs un broc ſoit le
    tombeau ?
Ne parlons que de boire, & ſur tout, cher
    Amynte,

Avec tant de douceurs ne mêlons point l'Abſinte
De l'ennui que tu ſens pour ta chere Iſabeau.
    Mais c'eſt trop diſcourir, prenons en main la pipe,
Ce meuble de Bachus eſt ſa plus chere nipe.
Cependant dans ce vin faiſons nâger du pain.
    Et comme il trempera, chauffons nous à notre aiſe,
Que l'Aurore nous trouve encor le verre en main,
Et que chacun de nous faſſe un lit de ſa chaiſe.

SONNET SUR UNE GROSSESSE.

HElas ! ô malheur des malheurs,
Olympe ma chére Maîtreſſe,
Que nous allons verſer de pleurs,
Sur le ſujet de ta groſſeſſe !
    Que nous ſouffrirons de douleurs,
Que nous ſentirons de triſteſſe,
D'avoir voulu cuëllir des fleurs,
Dont le fruit trompe notre adreſſe !
    Petit Enfant, qui que tu ſois,
Je prierai les Dieux mille fois,
Que ta vie en tous maux abonde.
    Falloit-il, petit indiſcret,
Ainſi venir de l'autre monde,
Pour revéler notre ſecret ?

LA JOUISSANCE

Vivons, adorable Aspasie,
Sans redouter la jalousie,
Qui s'afflige de nos plaisirs,
Et dans une flâme naissante,
Laissons-nous aller à la pente,
De notre âge & de nos désirs.

Si par une suite éternelle,
La Nature se renouvelle,
Si les mois revont sur leurs pas ;
Et si de Roses couronnée,
Revient l'enfance de l'année,
Nos beaux jours ne reviennent pas.

Le Soleil ce flambeau du monde,
S'ensevelit au sein de l'onde,
Puis renaît plus jeune & plus beau :
Telle n'est pas notre avanture,
Jamais la main de la nature,
Ne nous retire du tombeau.

De baisers ils nous faut combattre,
Donne & prens en un, deux, trois, quatre,
Longs, chauds, humides, savourenx,
Puis cinq, puis dix, puis cent, puis mille,
Et puis mille autres file à file,
Tous également amoureux.

Mais plûtôt brouillons-les sans compte ;
Notre amour rougiroit de honte,
Si leur nombre étoit limité :
Que leur profusion se cache,
Et que jamais on ne le sçache,

Que

Que par le mot d'infinité.
  Cette liqueur si délectable,
Que Jupiter boit à sa Table,
Ne peut rien avoir de si doux,
Et les Deitez amoureuses
En se baisant sont moins heureuses,
Et moins en extase que nous.

SUR UN MOINEAU

IRis, lors que j'entre chez vous,
  Jeune Divinité, dont mon cœur est le tem-
    ple,
Votre Moineau me flatte, il me fait les yeux
    doux,
Il me donne du bec deux ou trois petits coups,
  O le Moineau de bon exemple !

EPITAPHE.

CY gît le Sieur de Manas,
  Lequel de sa propre allumelle,
Se tua en prenant ses ébats
Sur le corps d'une Demoiselle ;
Je ne sçai après son trépas,
La où son esprit s'en alla ;
Mais je sçai bien qu'on ne va pas,
En Paradis par ce trou-là.

E

Epigramme servant d'Epitaphe.

CY gît le Sieur de Cabonne,
Qui tracassoit plus que personne,
Il s'en venoit, il s'en alloit,
Il ne sçavoit ce qu'il vouloit:
On doute même qu'il repose
Au reposoir de toute chose.

MADRIGAL.

SI pour vous avoir dit , Madame , je vous
     aime ,
Ce mot vous offense si fort ,
Punissez mon audace extrême ,
Vengez-vous en , jen suis d'acord ,
Vous pouvez me traiter de même ,
Pour me faire même dépit ;
Dites-moi , Monsieur , je vous aime :
C'est tout ce que je vous ai dit.

REPONSE.

Je ne suis pas assez cruelle ,
Pour vouloir ainsi me venger ,
La douceur qui m'est naturelle ,
Ne me permet pas d'y songer ;
Et pour vous témoigner que je suis veritable
Je veux tout oublier, le crime & le coupable

SUR LE PORTRAIT

D'IRIS A SILVIE.

VOus m'ordonnez de peindre Iris,
On doit tout oser pour vous plaire;
Mais aussi se mêler de faire
Un métier qu'on n'a point appris,
N'est-ce pas être temeraire ?
Le feu qui brille dans ses yeux,
N'est pas un feu facile à peindre,
Et pour son ame il est à craindre,
Qu'on n'y réussisse pas mieux,
Et qu'elle ait sujet de s'en plaindre.
Mais quand j'y réussirois mal,
Il faut satisfaire à l'envie,
De l'impatiente Sylvie ;
Et d'un parfait original,
Faire une parfaite copie.
Iris donc, votre aimable Iris,
Iris votre amitié nouvelle,
N'en voit point de plus belle qu'elle,
Mais par un genereux mépris,
Elle ne fait jamais la belle.
Avec des yeux moins éclatans,
La Grecque a son Epoux ravie,
Inspira l'amour & l'envie,
Et fit combattre si long-tems
Les Peuples d'Europe & d'Asie.
Les Vers ne sçauroient exprimer

E 2

Ni la longueur de son visage,
Ni cet air doux, modeste & sage,
Qui dans le tems qu'il fait aimer,
Ote l'espoir & le courage.

Quelque riches ajustemens,
Et quelqu'éclat qui l'environne;
Cette incomparable personne
N'a point plus grands ornemens,
Que ceux que sa beauté lui donne.

Si tous les visibles trésors,
Et l'air de sa taille adorable,
Ce qu'elle cache de son corps,
Ne sçauroit être qu'admirable.
Elle a de la noble fierté,
Elle est civile, genereuse,
Et riche sans être orgueilleuse,
Liberale & sans pitié,
Est humble, & n'est point scrupuleuse.

Il est vrai que l'on fait grand bruit
De ses maximes inhumaines,
Et qu'un pauvre Amant dans ses chaînes
N'a pas à prétendre grand fruit,
Ni de son tems, ni de ses peines.

Cela n'est pas de notre fait,
Et pourroit bien être du vôtre;
Mais il iroit beaucoup du nôtre,
Si desa'prouvant ce portrait,
Vous le faisiez faire à quelqu'autre.

MADRIGAL.

QUand je vois ton Portrait & ton Origi-
nal,
L'un si bien, & l'autre si mal :
Je m'écrie surpris d'une telle avanture,
Que l'art a vaincu la nature.

MADRIGAL
SUR UNE VIEILLE.

JE ne sçai quel Astre lui nuit,
Elle fait toute la grimace
D'une Femme de bonne grace,
Et cherche l'agrément, mais l'agrément la
fuit.

SONNET.

IL n'est plus tems de lanterner,
Nous voici dedans la semaine,
Où toute ame qui n'est pas saine,
A soin de se médeciner.
   Monsieur, qui devez rafiner
Les doutes dont la mienne est pleine,
Vous m'ôteriez de grande peine,
Si vous les pouviez deviner.
   Je n'entens point votre méthode,
Ma conscience est à la mode,
Moitié Figue & moitié Raisin,

F 3

Entre vos mains je me réſine,
Si je fais tort à mon Voiſin,
Je fais plaiſir à ma Voiſine.

CHANSON A BOIRE.

POur n'aimer que le Vin, j'abandonne Phi-
lis,
Sa rougeur me plaît plus que la blancheur des
Lys.
On ne m'entendra plus tant parler de ri-
gueur :
Car pour moi la bouteille a beaucoup de dou-
ceur.
Elle dit mot, quand je la veux baiſer,
Auſſi tout mon plaiſir eſt à la careſſer.
Si près d'elle on m'a vû répandre quelques
pleurs,
Le plaiſir les cauſoit, & non pas les douleurs.
Elle eſt ſouvent legere, & ne la blâme point :
Car c'eſt moi qui toûjours la réduit à ce point.
Enfin je la chéris, & l'aimerai toûjours,
Pour montrer qu'on peut voir d'éternelles
amours.

SATYRE.

PUiſque le jugement nous croît par le dom-
mage,
Il eſt tems, Faurquevaus, que je devienne ſage,
Et que par mes travaux j'apprenne à l'avenir,

Comme en faisant l'amour on se doit mainte-
   nir,
Après avoir passé tant & tant de traverses,
Avoir porté le joug de cent beautez diverses,
Avoir en bon soldat combattu nuit & jour,
Je dois être routier en la guerre d'amour,
Et comme un vieux Guerrier blanchi dessous
   les armes,
Sçavoir me retirer des plus chaudes allarmes,
Détourner la fortune, & plus fin que vaillant,
Faire perdre le coup au premier assaillant,
Et sçavant devenu par un long exercice,
Conduire mon bonheur avec de l'artifice,
Sans courir comme un fol saisi d'aveuglement,
Que le caprice emporte & non le jugement ;
Car l'esprit en amour sert plus que la vaillance,
Et tant plus on s'efforce, & tans moins on
   avance :
Il n'est que d'être fin, ou du soir ou de nuit
Surprendre si l'on peut, l'ennemi dans son lit.
Du tems que ma jeunesse à l'amour trop ar-
   dente
Rendoit d'affection mon ame violente,
Et que de tous côtez sans choix ou sans raison,
J'allois comme un Limier prendre la venai-
   son,
Souvent de trop de cœur j'ai perdu le cou-
   rage,
Et piqué des douceurs d'un amoureux visage,
J'ai si bien combattu, serré flanc contre flanc,
Qu'il ne m'en est resté une goutte de sang.
Or sage à mes dépens j'esquive la bataille,

Sans entrer dans le champ, j'attens que l'on
    m'assaille,
Et pour ne perdre point le renom que j'ai eu,
D'un bon mot du vieux tems je couvre tout
    mon jeu,
Et sans être vaillant je veux que l'on m'estime,
Ou si par fois encore j'entre en la vieille escri-
    me,
Je goûte le plaisir sans en être emporté,
Et prens de l'exercice au prix de ma santé :
Je résigne aux plus forts ces grands coups de
    Maîtrise,
Accablé sous le faix, je fuis toute entreprise,
Et sans plus m'amuser aux places de renom,
Qu'on ne peut emporter qu'à force de canon,
J'aime un amour facile, & de peu de défense,
Si je voi qu'on merite, c'est-là que je m'avan-
    ce,
Et ne me veux chaloir du lieu, grand ou petit,
La viande ne me plaît que selon l'appetit,
Tout amour a bon goût, pourvû qu'elle recrée,
Et si elle est moins louable, elle n'est plus as-
    surée ;
Car quand le jeu déplaît, sans soupçon, ou
    danger,
De coups, ou de poison il est permis changer,
Aimer en trop haut lieu une Dame hautaine,
C'est aimer un souci le travail & la peine,
C'est nourrir son amour de respect & de soin,
Je suis saoul de servir le chapeau bas au poing,
Et fuis plus que la mort l'amour d'une grand'-
    Dame.

Toûjours comme un forçât il faut être à la
 rame,
Naviger jour & nuit, & sans profit aucun,
Porter tout seul le faix de ce plaisir commun;
Ce n'est pas, Faurquevaus, cela que je de-
 mande;
Car si je donne un coup, je veux qu'on me le
 rende,
Et que les combattans à l'égal collorez
Se donnent l'un à l'autre autant de coups four-
 rez;
C'est pourquoi je recherche une jeune fillete,
Experte dès long-tems à courir l'éguillette,
Qui soit vive & ardente au combat amoureux,
Et pour un coup reçû qu'elle m'en rende
 deux;
La grandeur en amour est vice insuportable,
Et qui sert hautement est toûjours miserable:
Il n'est que d'être libre, & en dernier content,
Dans le marché d'amour acheter du bon tems,
Et pour le prix commun choisir sa marchandi-
 se,
Ou si l'on en veut prendre, au moins on en de-
 vise,
L'on tâte, l'on manie, & sans dire combien,
On se peut retirer, l'objet n'en coûte rien;
Au savoureux trafic de cette Mercerie,
J'ai consumé les jours les plus beaux de ma
 vie,
Marchand des plus rusez, & qui le plus sou-
 vent,
Payoit ses Créanciers de promesse & de vent,

Et encore n'étoit le hazard & la perte,
J'en voudrois pour jamais tenir Boutique ou-
    verte ;
Mais de risque m'en fâche, & si fort m'en de-
    plaît,
Qu'au malheur que je crains, je postpose l'a-
    quêt,
Si bien que redoutant la Vérole & la Goutte,
Je banni ces plaisirs, & leur fais banqueroute,
Et resigne aux Mignons aveuglez en ce jeu,
Avecque les plaisirs, tous les maux que j'ai
    eu.
Les boutons du Printems, & les autres fleu-
    rettes,
Que l'on cueille au jardin des douces amouret-
    tes,
Le Mercure & l'Eau forte me sont à contre-
    cœur,
Je hai l'Eau de Gayac, & létouffante ardeur
Des fourneaux enfumez, où l'on perd sa sub-
    stance,
Et où l'on va tirant un homme en quintessen-
    ce :
C'est pourquoi tout à coup je me suis retiré,
Voulant dorénavant demeurer assûré,
Et comme un Marinier échappé de l'orage,
Du Havre sûrement contempler le naufrage ;
Ou si par fois encore je me remets en Mer,
Et qu'un œil enchanteur me contraingne d'ai-
    mer,
Combattant mes esprits par une douce guer-
    re,

Je veux en sûreté naviger sur la terre ;
Ayant premierement visité le Vaisseau ,
S'il est bien calfeutré , ou s'il ne prend point
    l'eau.
Ce n'est pas peu de cas de faire un long voya-
    ge :
Je tiens un homme fou qui quitte le rivage ,
Qui s'abandonne aux vents , & pour trop pré-
    sumer,
Se commet aux hazards de l'amoureuse Mer ,
Expert en ses travaux , pour moi je la déteste,
Et la fuis tout ainsi comme je fuis la peste.
    Mais aussi , Faurquevaus , comme il est mal
        aisé
Que notre esprit ne soit quelquefois abusé
Des apas enchanteurs de cet Enfant volage   ,
Il faut un peu baisser le col sous le servage ,
Et donner quelque place aux plaisirs savou-
    reux ,
Car c'est honte de vivre , & de n'être amou-
    reux ;
Mais il faut en aimant s'aider de la finesse,
Et sçavoir rechercher une simple Maîtresse ,
Qui sans vous asservir , vous laisse en liberté ;
Et joindre le plaisir avec la sûreté ,
Qui ne sçache que c'est que d'être courtisée ,
Qui n'ait de maints amours la poitrine em-
    brasée ,
Qui soit douce & niaise , & qui ne sçache pas,
Apprentisse au métier que valent les apas,
Que son œil & son cœur parlent de même
    sorte,

Qu'aucune affection hors de soi ne l'emporte?
Bref, qui soit toute à nous, tant que la pas-
sion
Entretiendra nos sens en cette affection.
Si par fois son esprit, ou le nôtre se lasse,
Pour moi je suis d'avis que l'on change de
place,
Qu'on se range autre part, & sans regret au-
cun,
D'absene ou de mépris que l'on aime un cha-
cun :
Car il ne faut jurer aux beautez d'une Dame ;
Ains changer par le tems & d'amour & de
flâme,
C'est le change qui rend l'homme plus vigou-
reux,
Et qui jusqu'au tombeau le fait être amoua
reux.
Nature se maintient pour être variable,
Et pour changer souvent son état est durable,
Aussi l'affection dure éternellement,
Pourvû sans se lasser qu'on change à tout mo-
ment,
De la fin d'un amour, l'autre naît plus parfai-
te,
Comme on voit un grand feu naître d'une
bluette.

SONNET.

Vous me pressez à tort pour aller à Confesse,

Beauté

Beauté , de qui dépend & mon bien & mon
    mal ,
Si je n'aproche pas ce sacré Tribunal,
Je marque mon respect plûtôt que ma paresse.
    Je ne sens point en moi de péché qui me
    presse,
Je vous aime , Philis , d'un amour sans égal ;
L'Amour pour le salut n'a rien qui soit fatal ;
Et le dire tout bas marqueroit ma foiblesse.
    J'en parlerai par tout, je le dirai tout haut ,
Je reconnois pourtant que j'ai quelque dé-
    faut,
Dont je n'aurai jamais aucune repentence.
    Mon crime est que j'enrage & peste en cha-
    que lieu ,
Malgré tous mes respects & ma perséverance,
Que vous ne voulez pas me faire offenser
    Dieu.

EPIGRAMME.

VOus dites que l'amour est un fils de Pu-
    tain,
A votre sentiment le mien est fort contraire,
Et c'est pour votre honneur, adorable Catin,
Car de l'amour que j'ai vous en êtes la mere.

MADRIGAL.

LOrsqu'Iris veut charmer nos yeux & nos
    esprits,

Son d'aim les graces & les ris
Se trouvent en foule auprès d'elle,
Venus y fait aller son fils ;
Mais son fils s'en revient & se montre rebelle,
Aussi tôt sa Mere en couroux,
Lui dit : Amour, vous mocquez-vous,
D'abandonner Iris que nous fîmes si belle ?
L'amour ne pouvant dans son cœur
Tenir sa petite douleur,
Lui dit entre ses dents, comme un enfant gronde,
Je lui suis trop indifferent,
Elle me donne à tout le monde,
Et jamais elle ne me prend.

SUR LA PRISE D'ORANGE.

EPIGRAMME.

Cas surprenant ! malheur étrange !
Pauvre Calvin, que ferez-vous ?
Vous n'aurez plus de bons ragoûts,
Puisque vous n'avez plus d'Orange.

AUTRE.

Cette Epigramme est magnifique,
Mais défectueuse en cela,
Que pour la chanter en Musique,
Il faut dire un sot l'a mis là.

METAMORPHOSE

DES YEUX

DE PHILIS EN ASTRES.

BEaux Ennemis du jour dont les feüillages
    fombres
Confervent le repos, le filence & les ombres :
Confidents immortels des âges & des tems,
Vieux enfans de la Terre, agréables Tyrans,
Qui jufques dans le Ciel fans crainte du Ton-
    nerre,
Allez faire au Soleil une innocente guerre :
Chênes, Palais facrés de nos premiers Ayeux,
Confeillers des humains, Interprétes des
    Dieux ;
Je ne fuis point venu dans cette nuit obfcure,
Rechercher les fecrets de la race future,
Et fans rendre préfens les fiécles à venir,
Je ne veux confulter que votre fouvenir.
L'unique ambition qui flatte ma penfée,
Eft d'apprendre de vous une chofe paffée,
De fçavoir de Daphnis le trépas malheureux,
De fçavoir de Philis les regrets amoureux,
Comme elle eut pour un mort une flâme vi-
    vante,
Et fut changée enfin pour être trop conftante,
Favorables témoins de leurs chaftes défirs,
Qui vîtes leurs douleurs, qui vîtes leurs plai-
    firs,   G 2

Si d'un semblable trait votre ame fut tou-
 chée,
Découvrez - moi l'ardeur que vous avez ca-
 chée,
Et n'aprehendez pas en l'expofant au jour,
D'introduire un prophane aux myftéres d'A-
 mour.
 Sous les Aftres benins, & de qui l'influen-
 ce
Garde encore aujourd'hui fa premiere inno-
 cence,
Des Arbres confacrez au Monarque des
 Dieux
Se vont offrir à lui jufques dedans les Cieux.
Loin d'eux - mêmes cherchant des routes in-
 connuës,
De leurs bras orgueilleux ils embraffent les
 nuës,
Leurs Trônes vaftes & grands des peuples ref-
 pectez
Sont de cent demi-Dieux les vivantes Citez,
Et leurs rameaux epais fous leurs feüilles
 tremblantes
Cachent de mille oifeaux les familles erran-
 tes,
Dans ce riant fejour, fes hôtes fans fouci
Célebrent fes beautez qu'ils augmentent auffi;
Les Nymphes pour ouir de charmantes mer-
 veilles
Entr'ouvrent leur écorce, & prêtent leurs
 oreilles,
Puis leur pied retraçant leur fçavantes leçons

Marque en ses pas divers leurs diverses chan-
   sons ,
Et sur un tendre émail de mousse & de fou-
   gére
Imprime de leurs sons une image legere.
Au milieu de ce Bois un liquide cristal ,
En tombant d'un rocher forme un large canal,
Qui comme un beau miroir dans sa glace in-
   constante
Fait de tous ses voisins une peinture mouvan-
   te :
Les secrets de son sein sont ouverts à chacun ,
Plus il se montre pur , plus il se rend com-
   mun ,
Et découvrant son lit au plus foibles œillades,
Il trahit la pudeur de ses Chastes Nayades.
C'est-là , par un Chaos agréable & nouveau ,
Que la terre & le Ciel se rencontrent dans
   l'eau ;
C'est là , que l'œil souffrant de douces impo-
   stures ,
Confond tous les objets avecque leurs figures ;
C'est-là que sur un arbre il croit voir les pois-
   sons ,
Qu'il trouve les oiseaux auprès des ameçons ,
Et que le sens charmé d'une trompeuse idole
Doute si l'oiseau nage , ou si le poisson vole.
C'est-là , qu'une Bergere étalant ses attraits
Fait en se regardant de plus nobles portraits,
Quand le genoüil courbé sur les fleurs du ri-
   vage ,
Elle vient arroser celle de son visage ,

G 3

Qui rempliſſant les eaux de feux & de clartez,
Pour un peu d'ornement leur rend mille
    beautez,
Par tout où d'un regard elle échaufe les ondes,
En de nouveaux apas elle les rend fécondes,
Elle n'eſt plus unique, & les flots embellis,
Auſſi-bien que la terre, ont une autre Philis.
    In fortuné témoin d'une ſi haute gloire,
Daphnis, qui ſçus trop bien la peindre en ta
    memoire,
Que le Ciel t'eût chéri, ſi ce Portrait fatal
S'y fût évanoüi comme dans ce criſtal ;
Ah, que l'heur de tes yeux coûte cher à ton
    ame !
Ton mal te plut d'abord, & ta naiſſante flâ-
    me
Fut comme un feu de joye allumé dans ton
    cœur,
Dont le vaincu voulut honorer le vainqueur.
Mais enfin ſon ardeur dévora tes entrailles,
Et ce feu n'éclaira que pour tes funérailles,
Daphnis, en qui les Dieux aſſemblant leurs
    tréſors
Firent une belle ame hôteſſe d'un beau corps,
Suivant un raviſſeur, dont la gueule ſanglan-
    te
Emportoit dans le Bois une brebis mouran-
    te,
Déja ſon juſte fer lui meſurant le flanc,
Cherchoit à le noyer dans les fleaux de ſon
    ſang,
Quand Philis d'un regard qui peut tout met-
    tre en cendre,

Réduifit l'affaillant au point de fe défendre,
Et d'un coup innocent lui donna le trepas,
Le prit en des filets qu'elle ne tendoit pas.
Comme fi les rayons des yeux de la Bergere
Avoient purifié le feu de fa colere :
Une fureur plus noble eft maîtreffe à fon
  tour,
Et fon cœur n'a plus rien que des flâmes
  d'amour.
  Cependant cette belle également atteinte
Des mouvemens divers de pudeur & de
  crainte,
A ces deux paffions fe laiffant partager,
Et ne fçait qui fuir, du Loup ou du Berger.
L'amant & l'ennemi font des éfets femblables,
Tous deux lui font nouveaux, & tous deux
  redoutables,
Et la peur qui l'appelle en des lieux differens,
Rend fon corps immobile & fes défirs errans.
Quiquonque en ce fpectacle eût des yeux fi-
  deles,
Eût vû de nouveau lis & des rofes nouvelles,
Son teint étoit le champ de fes diverfes fleurs,
Et chaque paffion y peignoit fes couleurs.
La crainte qui du cœur montoit dans le vi-
  fage,
A la feule blancheur donnoit tout l'avantage,
Puis la honte au fecours amenant la rougeur,
Venoit rendre à Philis les larcins de la peur;
Si bien que reprenant fa naïve peinture,
Deux effets violents réparoient la nature ;
Et laiffant dans leur guerre une image de paix,

Rendoient cette beauté plus belle que jamais
   Toutefois je vous plains, ô Bergere adora-
   ble !
Mais je plains plus que vous ce Berger miséra-
   bles :
Ce Berger qui déja tout transpercé de coups,
Va s'attirer encor un injuste courroux,
Qui va commettre un crime en vous disant sa
   peine,
Et d'un soûpir d'amour allumer votre haine.
   Déesse, vous dit il, à qui j'offre ma foi,
Laissez & crainte & honte aux vaincus comme
   moi.
Il sied mal de trembler quand on a la victoire,
Et le vainqueur ne doit rougir que de sa gloi-
   re,
Si toutefois c'est gloire à vos charmes si
   doux,
De faire un prisonnier si peu digne de vous,
Et qui plus honoré, que pressé de vos gênes,
Pour unique faveur vous demande des chaî-
   nes,
Oüi, des fers sont l'objet de mon ambition :
Accordez-m'en par grace, ou par punition.
Favorable Maîtresse, ou Juge impitoïable
Arrêtez un Amant, oubliez un coupable,
Et me donnez le sort qu'enfin j'ai mérité
Par un excés d'amour ou de témerité.
   Au seul nom de l'amour, ce miracle des
   belles
Fuit, & semble soudain en emprunter ses
   aîles,

Son erreur lui dépeint ce petit Dieu des
    Dieux,
Aussi cruel par tout, comme il est dans ses
    yeux,
Et son cœur où jamais on ne le vit paroî-
    tre,
Le conçoit seulement tel qu'elle le fait naî-
    tre,
D'un pied vîte elle court loin de l'embra-
    sement,
Et comme tout pour elle est plus doux qu'un
    Amant,
Elle fend les buissons au péril des blessures,
Et ne craint que du cœur les brûlantes pi-
    queures;
Mais toute la Nature a peur pour ses attraits;
Chaque buisson retient la pointe de ses traits.
Par respect il s'entr'ouvre, & semble qu'il
    essaye
A faire en s'écartant comme un double haie,
Ou si l'épine avance, elle donne en passant
Aux roses de sa jouë un baiser innocent.
Seulement dans sa course une ronce insolente
Retient de ses cheveux la richesse volante,
Et prenant pour rançon une part du trésor,
Parut toute superbe en ce vêtement d'or;
Si bien que le Berger qui suivant la cruelle,
Alloit après son cœur qui fuyoit avec elle,
Trouvant ces beaux filets que l'amour lui
    tendoit,
Par un heureux malheur eut ce qu'il deman-
    doit.

Mais voyez, ô Philis, son repect & sa joye.
Regardez comme il est le butin de sa proye,
Par un si doux exemple instruisez votre cœur,
Et jugez s'il faut craindre un si noble vain-
     queur,
     Toutefois pour ce coup en vain je l'y con-
     vie ;
Chacun doit deux Tributs, la franchise &
     la vie ;
Mais le tems de payer est dans la main du
     sort,
Et l'amour a son heure aussi-bien que la mort.
Elle viendra cette heure, & son ame obstinée
Peut bien fuir un Berger, mais non la desti-
     née :
Le Ciel veut qu'à Daphnis ses désirs soient
     offerts,
Et son livre d'Airain le condamne à ses fers.
     A peine les glaçons tirans des belles choses,
Eurent deux fois fait place à la pompe des ro-
     ses,
A peine deux Printems ennemis des glaçons
Eûrent paré les champs de leurs rouges mois-
     sons,
     Que Philis oublia sa rigueur ordinaire,
Et connut que l'amour est un mal necessaire:
Son cœur aux premiers coups se défend con-
     stamment,
     Et d'abord elle rend ses beaux yeux seule-
     ment,
Seulement moins timide, & non pas plus hu-
     maine

Elle ose contempler & Daphnis & sa peine,
Et d'un même regard qui n'est plus étonné,
Blesse, & voit sans frayeur le coup qu'elle a
     donné,
Puis elle cherche en lui d'une vaine poursui-
     te
Ce qui fut autrefois le sujet de sa fuite,
Elle cherche par tout & ne s'aperçoit pas
Que par tout elle trouve un embûche d'apas,
Et que dant ce faux bien qu'elle doit long-
     tems plaindre,
Tout ce qui lui va plaire, est ce qu'elle doit
     craindre.
Déja les sens rendus attaquent la raison,
Et chaque regard porte & raporte un poison.
Déja de tous côtez où son desir la guide.
L'Image du blessé poursuit son homicide,
Et comme une belle ombre avec un doux ef-
     fort,
Vient venger en tout lieux une aussi douce
     mort.
Enfin ce beau vainqueur lui fait rendre les
     armes,
Enfin de ses soupirs elle seche ses larmes,
Ces deux Amans parfaits, de mêmes feux
     épris,
En partageans leurs soins unissent leurs es-
     esprits,
Et devenus heureux par de communs suppli-
     ces,
De leurs propres tourmens ils forment leurs
     délices.

Vivez heureux Amans, & parmi les plai-
    sirs
Voyez couler vos ans, & croître vos desirs,
Qu'une si belle vie entre les jeux passée
Ne soit rien que d'amour une longue pen-
    sée,
Et que sur vous les Dieux versent des biens si
    doux,
Qu'en vous rendant contens, ils deviennent
    jaloux,
Ou plûtôt que les Dieux gouvernant leur ton-
    nerre,
Vous puissent oublier en un coin de la terre;
Votre amour vous suffit pour vous donner
    leur gloire,
Il égale vos fers à leur Trône d'yvoire,
Sans avoir tous leurs soins vous avez ce qu'ils
    ont,
Et sans être comme eux vous êtes ce qu'ils
    font;
C'est assez seulement que leur grandeur su-
    prême
Se veuille comme vous contenter d'elle-mê-
    me,
Qu'ils gardent dans le Ciel & le mal & le bien,
Ils vous donnent assez, s'ils ne vous ôtent rien.
    Mais, ô Beauté divine, à qui tout autre
    cede,
Un Dieu ne peut souffrir qu'un homme vous
    possede,
L'Astre du jour vous voit, il devient amou-
    reux,

                                    Et

Et par son amour seul il fait trois malheu-
   reux.
   Le Soleil descendu sur la rive de l'onde
Etoit prêt de partir pour voir un autre mon-
   de,
Et porter dans un char qui traverse les eaux,
Les richesses du jour à des Peuples nouveaux.
   Elle sortoit du bois, & sur le bord encore
A l'ombre de Diane elle regardoit Flore,
Flore qui ranimoit ses riches ornemens,
Avec les doux soûpirs de ses legers Amans,
Et tâchant d'arrêter ces petits Rois des plai-
   nes,
Ouvroit son sein riant à leurs fraîches halei-
   nes,
Qui lui rendant la vie en pillant ses odeurs,
D'un humide baiser appaisoit ses ardeurs.
   Mais voilà tout d'un coup la Déesse vengée,
Et du Dieu des Saisons la fortune changée,
Celui qui brûloit tout est lui-même enflâmé,
Ce grand feu consumant lui-même est consu-
   mé.
Les Amours tous brillans & de flâme & de
   gloire,
Avec un doux plaisir ils passent l'onde amere,
Joyeux de triompher au pays de leur Mere,
Et de punir celui dont le jour indiscret
Fit un crime public de son amour secret.
Il s'en va leur payer par de cruelles gênes
Le trop visible affront des invisibles chaînes,
Et connoître à la fin par ses propres tour-
   mens,

H

Qu'on doit moins accuſer, que plaindre les
    Amans.
    Cependant il s'avance où le deſtin l'appelle,
Fidele à la nature, à ſoi même infidele,
Il fut loin de l'objet qui le rendoit heureux,
Et peut bien être abſent auſſi tôt qu'amou-
    reux.
Que ne puis-je, dit-il, ô Beauté que je ſers,
Poſſeder librement la gloire de mes fers !
Que ne puis-je, ſans ceſſe, ô flambeau de mon
    ame,
Répandre la lumiere où j'ai puiſé ma flâme !
Et qu'elle eſt la rigueur qui contre la raiſon
M'ordonne de courir quand je ſuis en priſon ?
Les rayons dont je voi ma tête couronnée,
Ne cóviennent pas bien à mon ame enchaînée.
Amour, deſtin, tyrans, qui me venez ravir,
Ou laiſſez-moi regner, ou me laiſſez ſervir,
Dont j'ai pû me cacher à l'horreur des prodi-
    ges,
Et laiſſant de moi-même à peine des veſtiges,
Plûtôt que d'éclairer de noires actions,
J'ai manqué de promeſſe à tant de Nations.
    Dans ces triſtes regrets dont la flâme eſt la
    ſource,
Il commence, il pourſuit, il acheve ſa courſe,
Puis revient par amour, autant que par de-
    voir,
Et pour donner le jour, & pour le recevoir :
Il vient, & redoublant ſa chaleur coûtumiere,
Il marche tout couvert de traits & de lumiere;
Mais que ſervent ces ſoins à ce Dieu trop ſen-
    ſible,

S'il trouve dans Philis une glace invincible,
Il n'a rien qui lui plaise, elle fuit en tous lieux,
Et le feu de son ame, & celui de ses yeux,
Et de sa double ardeur craignant plus d'un ou-
  vrage,
Lui cache également le cœur & le visage.
En vain comme un esclave il la suit pas à pas,
Il brûle tout le reste & ne l'échauffe pas,
En vain jettant des pleurs plus que ne fait l'au-
  rore,
Belle, aimez, lui dit-il, celui que l'on adore,
Il renonce pour vous au droit des immortels,
Il vous demande un cœur & non pas des Au-
  tels,
Excedant à vos yeux un honneur légitime,
Il veut tout Dieu qu'il est, devenir leur victi-
  me.
  Mais quittez vos desseins, ardent Pere du
  jour,
Et sçachez que sa haine est un effet d'amour.
L'image d'un mortel en son ame tracée
Fait qu'une Deité n'y peut être exaucée,
Et les yeux d'un Berger qui n'ont point de pa-
  reils,
Sont de cette beauté les Dieux & les Soleils.
L'amour combat l'amour, il s'oppose à soi-
  même,
Philis ne peut aimer, parce que Philis aime,
Elle ne peut offrir des biens qu'elle n'a plus,
Et les dons qu'elle a faits l'obligent au refus.
  Quoi ? ce refus vous trouble, & votre trou-
  ble éclate,

Parce qu'elle est fidele, elle vous semble in-
     grate,
La vertu vous offense, & votre cruauté,
Veut séparer la foi d'avecque la beauté.
Digne commencement de votre amour coupa-
     ble,
S'il faut pour vous aimer, qu'on cesse d'être
     aimable,
Et peu digne succez que votre amour attend,
S'il fonde son esprit sur un cœur inconstant.
Mais son dépit augmente, & l'envie inhu-
     maine,
Qui du plaisir d'autrui compose notre peine,
Vient de son fiel brûlant envenimer ses fers,
Et porte dans le Ciel les flâmes des Enfers.
Ses crins longs & picquans, qui de cent coups
     le percent,
Inspirent à son cœur la fureur qu'ils exer-
     cent,
Et leur moindre picqueure est un large canal,
Par où coule à flots noirs un Absinte fatal.
Comme un nuage épais qu'une vapeur enfante,
Ils offusquent l'éclat de sa tête brillante,
Et sur les cheveux d'or indignement ram-
     pant,
Au tour de ses rayons enlacent leurs Serpens.
Il a beau triompher dans un Char de lumiere,
Des Monstres immortels qui bordent sa carié-
     re.
Celui-ci le surmonte & joint pour son mal-
     heur,
La colere à l'amour, la rage à la douleur :

Comme il n'est pas lui - même , à lui - même
  semblable ,
Ce qu'il aimoit le plus lui devient redoutable ,
Il craint de voir Philis , parce qu'il craint aussi
De voir l'heureux Berger qui cause son souci ,
Parmi ce qui lui plaît trouvant ce qui le
  tue ,
En approchant son cœur , il détourne sa vûë ,
Il ne peut accorder ses yeux & son désir ,
Et de peur de la peine , il renonce au plaisir.
Quoi ? dit-il aussi-tôt , plein de flâme & de
  glace ,
En l'état où je suis , que veut-on que je fasse ?
Et si de leurs transports l'indigne liberté ,
Ose de mes rayons souiller la pureté ,
Quels feux n'allumera la fureur qui les domp-
  te ,
Quand la fuite éteindra la lumiere & la honte ,
Quand leur amour exempte & de crainte & de
  soin ,
Aura mon ennemi pour unique témoin ,
Et que la nuit venant dans les plus sombres
  voiles ,
Cachera leurs larcins à ses propres étoiles.
    Puis comme si son mal s'apaisoit à demi ,
Las ! je suis , poursuit-il , mon plus grand en-
  nemi ,
Je leur suis liberal , la nuit leur est avare ,
Et je les viens unir quand elles les sépare ;
C'est moi qui les appelle , & c'est moi dont les
  feux ,
Sont de leur rendez-vous le signal amoureux.

Je viens ouvrir les yeux dont ils bleſſent leurs
    ames,
Je prête les clartez qui rallument leurs flâ-
    mes,
Ils n'auroient point ſans moi d'objets, ni de
    regards,
Ils n'auroient point ſans moi de fléches, ni de
    dards.
Je redonne l'éclat à ſes couleurs vivantes,
Qui peignent dans nos cœurs ces idoles brû-
    lantes,
Et je ſuis condamné par une injuſte loi,
A leur fournir des traits, contr'eux & contre
    moi.
    Oüi, beauté, lui dit-il, de qui l'amour m'ou-
    trage,
Qui joins beaucoup d'orgueil avec peu de
    courage,
Qui refuſes un Dieu qui t'offroit un Autel,
Et profanes ton cœur des flâmes d'un mortel ;
Pendant que ta rigueur me charge de ſuppli-
    ces,
J'entretiens tes plaiſirs, j'éclaire tes delices,
Par moi tu vois l'objet où tes yeux ſe ſont plûs,
Mais par moi deſormais tu ne le verra plus :
Je ſçai cauſer la mort auſſi bien que la vie.
La clarté par mes feux eſt donnée & ravie,
Le Dieu témoigne ainſi la douleur qui le tou-
    che,
Mais ſon viſage encore en dit plus que la bou-
    che,
Et qui voit ſa colere auroit peine à juger,

Que pour toute victime, elle veüille un Ber-
     ger.
   Les Cieux même en ont peur, la nature
     qui tremble,
Croit qu'il veut se venger sur tout le monde
     ensemble,
Brûler Hommes & Dieux, tout perdre en se
     perdant,
Et de tout l'Univers faire un Bucher ardent.
   Il charge ses rayons de ces vapeurs funestes,
Qui forment dans les airs les foudres & les
   -   tempêtes,
Il n'importe qu'il cede à leur obscurité,
Pourvû qu'à son Rival il ôte la clarté :
Plus jaloux du Berger que de sa propre gloire,
Il veut bien par la honte achever la victoire :
Dans l'état malheureux où le destin l'a mis,
Il demande secours à tous ses ennemis,
Et fait en s'alliant aux ombres de la terre,
Par une lâche paix une aussi lâche guerre :
Le Ciel même qui voit son Prince languissant,
Quitte pour cette fois le soin de l'innocent,
Et fermant tous les yeux des favorables signes,
Ouvre tous les canaux de ses sources malignes,
D'où coulent sur la terre en mille petits corps,
Par les routes de l'air mille secrettes morts.
Le chien qui vers le Dieu se veut montrer fi-
     dele,
Lui prête par avance une chaleur mortelle ;
La rage du couroux prévient celle du tems,
Et d'un mordant regard il désole les champs.
Et toi, cruel Archer, dont les armes brûlantes,

Portent le noir trépas sur leurs pointes bril-
    lantes :
Tu joints tes traits d'argent avec les fléches
    d'or,
Et fais de deux fureurs un funeste trésors :
Compterai - je les morts que cet ardent
    flambeau
Fit descendre à ce jour dans l'horreur du tom-
    beau,
Que Daphnis arrivant dans le Royaume som-
    bre,
Vit errer après lui, comme ombres de son
    ombre,
Et qui dans son entrée accompagnant ses pas ;
D'une pompe funebre ornerent son trépas ?
Nul âge n'est exempt de cette injuste guerre,
L'enfant & le vieillard gissent dessus la terre,
Les Sexes differens tombent d'un même sort,
Et les champs sont couverts des moissons de la
    mort.
    Mais pourquoi diviser le fleuve de nos lar-
    mes ?
Ne plaignons que Daphnis , ne plaignons que
    ses charmes ,
Et sans troubler nos cœurs d'un vulgaire
    souci ,
Perdant tout en un seul , donnons - lui tout
    aussi.
Qui pourroit sans pitié voir l'excez de sa pei-
    ne ?
Il brûle d'une ardeur qui court de veine en
    veine

Et des torrens de feu roûlant dans ses vaif-
    feaux,
Où le fang fit couler ses paifibles ruiffeaux.
Ce fang chaud & bouillant, cette flâme liqui-
    de,
Cette fource de vie, à ce coup d'homicide,
En fon lit agité ne fe peut repofer,
Et confume le champ qu'elle doit arrofer.
    Ces Atomes vivans, durables étincelles,
Petits corps, qui des corps font les ames mor-
    telles ;
Les efprits accourus en troupes mutinées,
Font cent tours & retours en leurs routes bor-
    nées,
Et par leurs coups diverfes ébranlans tout le
    corps,
D'un mouvement confus agitent fes refforts ;
On diroit que fon ame en ce mortel orage
Cherche de tous côtez à fe faire un paffage :
Qu'elle frape par tout pour rompre fa prifon,
Et fe fauver des feux qui brûlent fa maifon,
Ses yeux font devenus deux fanglantes Co-
    métes,
Qui d'un cruel trépas font les triftes Pro-
    phétes,
Son corps avant la mort à demi confumé,
Paroît dans la langueur un Squelette enflâ-
    mé,
Et ce teint qui fembloit une rofe animée,
N'eft plus rien maintenant qu'une cendre
    allumée,
Qui doit comme un nuage au foufle d'un
    Zéphir,

Se perdre au premier vent de son dernier
　　soûpir ;
Mais de quelques ardeurs que le Dieu le
　　tourmente,
L'ennemi toutefois est plus doux que l'a-
　　mante,
Et Philis se noyant dans les eaux de ses pleurs,
D'une bonté cruelle irrite ses douleurs :
Plus son ame est sensible, & moins elle est
　　humaine,
Il soûfre par l'amour, il soûfre par la haine,
La rigueur de sa peine accroît par la pitié,
Et la part qu'elle y prend l'augmente de
　　moitié,
Il voit que la Bergere en ce point trop fi-
　　delle,
Veut soûfrir avec lui ce qu'il soûfre pour elle.
Que d'un triste regard nourrissant son ennui,
Elle sort d'elle même, & vient toute dans
　　lui :
En vain le Dieu jaloux se vengeant à souhait,
Veut sauver ce qu'il aime en perdant ce
　　qu'il hait ;
En vain pour détourner la commune tempê-
　　te,
D'un rayon salutaire il couronne sa tête,
Et fait voler prés d'elle un favorable éclair,
Pour deffendre l'aproche aux injure de l'air.
A l'aspect du Berger son ame l'abandonne,
La pitié fait mourir, quand la rage pardon-
　　ne :
Au lieu de la fureur l'amour lance le trait,

Et Daphnis fait le coup que le Dieu n'a pas
    fait :
C'est-là ce qui le tuë, & s'oubliant soi-même,
Pour plaindre le malheur de la beauté qu'il
    aime :
Cieux, dit-il, qui voyez les peines qu'elle
    sent,
Que ne m'est il permis de mourir innocent :
On me rend criminel par mon propre sup-
    plice,
Et je deviens injuste en soûfrant l'injustice.
Mais vous-même, Philis, vous l'êtes plus
    que tous,
Votre cœur prend des maux qui ne font
    point à vous,
Il est en même tems cruel & pitoyable,
Et m'ôtant ma misére il me rend misérable.
    Hélas, qui m'auroit dit, quand je fus
    enflâmé,
Daphnis, tu te plaindras de te voir trop aimé :
L'eussai-je pû penser, eussai-je bien pu croire
Qu'on trouvât le malheur dans le sein de la
    gloire,
Et que moi même un jour contraire à mes de-
    sirs,
J'eusse fait mes tourmens de mes plus doux
    plaisirs?
Moderez vos transports, ô beauté que j'adore,
Et ne m'aimez pas tant, si vous m'aimez en-
    core,
Aussi bien tous vos soins vont être superflus,
Et je suis désormais comme ce qui n'est plus,

Je n'ai rien de vivant dans ce moment extrê-
    me,
Que le cœur qui ne vit que par ce qu'il vous
    aime,
Et je doute, Philis, ſi partant de ce lieu,
Je pourrai bien vous dire ; il vouloit dire, a-
    dieu ;
Mais au lieu de ce mot ſa belle ame s'envole,
Et Philis s'écriant acheve la parole.

    Adieu donc, lui dit elle, Amant infortuné,
Tu m'ôte donc, cruel, ce que tu m'as donnés
Cette ame qui fut mienne à preſent m'eſt ra-
    vie,
Et tu peux bien ſans moi diſpoſer de ta vie ;
Mais ſi tu prens, Daphnis, un bien qui fut à
    moi,
Dieux ! pourquoi me laiſſer celui qui n'eſt
    qu'à toi,
Et de quel œil verrai-je en ces deſerts fune-
    bres,
L'homicide clarté qui cauſe mes tenebres :
Non, non, il faut mourir, mon mal eſt trop
    preſſant,
Ma douleur m'y contraint, mon amour y con-
    ſent,
Et ce corps affoibli qui ſous le faix ſuccombe,
Ne veut plus d'autre bien que celui de la Tom-
    be.
Allons-y donc enſemble, ô Berger ſans pareil!
Cés lieux nous ſeront doux, ils n'ont point
    de Soleil,
Les Enfers nous cachans dans leurs demeures
    ſombres,   N'auront

N'auront point de jaloux qui sépare nos om-
    bres,
  Et de quelque rigueur que leurs Dieux soient
    blâmez,
Il nous sera permis d'aimer & d'être aimez.
  Et bien es-tu content de l'excez de ma peine,
Traître, lâche, importun, superbe en ton
    Domaine,
Impatient, jaloux des hommes & des Dieux,
Vigilant espion de la Terre & des Cieux,
Toi par qui les Amans, Victimes de l'envie,
Sont assûrez de perdre ou l'honneur, ou la vie;
Au moins n'as-tu rien vû dans notre chaste
    amour,
Qui blessât la pud'eur, & qui craignît le jour
  Ainsi parloit Philis mortellement atteinte,
Ses pleurs impatiens viennent couper sa
    plainte,
Son cœur que la douleur a percé de ses armes,
Répand à gros boüillons un déluge de larmes,
Qui noyant de son teint les mourantes cou-
    leurs,
Précipite sa course au milieu de ses fleurs.
O Dieux ! qu'il falloit voir les larmes de Phi-
    lis,
Qui tomboient sur un teint de roses & de lys;
Puis faisoient en joignant leurs ondes redou-
    blées,
Comme un fleuve nouveau de perles assem-
    blées.
  Dieux ! que l'Astre du jour voyant cette lan-
    gueur,

Se trouve tourmenté par sa propre rigueur!
Qu'il devient malheureux par sa propre ven-
   geance,
La chute d'un Rival abbat son esperance,
La haine de Philis croît avec son ennui,
Et sa vaine fureur retombe dessus lui.
Quelque brillant qu'il soit, une ombre le
   surmonte,
Et toutes ses clartez n'éclairent que sa honte.
Il voit que le Berger en mourant ne perd
   rien,
Il est jaloux du mal, comme il le fut du
   bien,
Son esprit agité regarde avec envie
La gloire de sa mort, comme l'heur de sa
   vie;
Et voudroit, si le sort se laissoit gouverner,
Lui ravir le trépas qu'il vient de lui donner.
Mais Daphnis en tous lieux lui dispute la
   place,
Par tout il le combat, & par tout il le chaf-
   se,
Et quoiqu'ait fait le Dieu, quoiqu'il fasse au-
   jourd'huy,
Il ne peut ni mourir, ni vivre comme lui.
Il ne peut mériter, ni retenir les larmes
De l'aimable beauté: dont il ressent les ar-
   mes,
Elles coulent encor, & couleroient toujours
Si les pleurs & les maux avoient un mêm
   cours,
Et si les eaux que versent une triste paupiére

Sans manquer de sujet, ne manquoient de
    matiere ;
Mais Philis impuissante à plaindre ses mal-
    heurs,
Voit durer ses ennuis plus long-tems que ses
    pleurs.
L'amour pleure lui - même en voyant tant de
    charmes
Dans les yeux de Philis se distiler en larmes,
Et fondre des miroirs, dont les rayons vain-
    queurs
Sçûrent fondre pour lui tant de glaces de
    cœurs,
Ces miroirs éclatans faits d'ondes & de flâmes,
Par qui l'œil voit le corps & découvre les
    ames ;
Ces miroirs qui font voir par d'utiles accords
Le dehors au dedans, le dedans au dehors ;
Ces miroirs animez où toute la Nature
Vient faire à divers tems sa diverse peinture,
Et tracer une image admirable en ce point,
Que par elle on voit tout & qu'on ne la voit
    point.
Aainsi furent éteints ces flambeaux redouta-
    bles,
Ainsi furent punis ces illustres coupables.
Le Dieu qui languissoit de regret & d'amour,
Ne peut souffrir la nuit dans ces Palais du
    jour,
Et destinant sa flâme à de plus doux usages,
En donna par ces mots de fidéles présages.
   Si, dit-il, ô Beauté, dont j'adore les fers,

Je pouvois rappeller les ombres des enfers,
Comme je puis bannir les ombres de la terre,
La tombe vous rendroit le bien qu'elle resser-
    re,
Et vous auriez de moi par un double devoir
Et la vûë & l'objet que vous aimiez à voir.
Mais puisque le destin me paroît si contraire,
Que je ne suis puissant, que quand je veux
    malfaire,
Qu'Amant trop malheureux, trop heureux
    ennemi,
Je fais le mal entier, & le bien à demi,
Ne pouvant rétablir votre gloire premiere,
Je fais ce que je puis, je vous rens la lumiere.
    Il parle, & les effets ses paroles suivans,
Il change ses yeux morts en deux astres vivans
Qui conçus des rayons de ses plus belles flâ-
    mes,
Comme il éclaire aux corps, embraserent les
    ames,
Tant que le sort permît en faveur de ces lieux
Que la Terre eût un bien, qui n'étoit dû
    qu'aux Cieux ;
Mais si-tôt que Philis eût achevé sa course,
Ces flambeaux détachez revinrent vers leur
    source,
Et placez dans les Cieux qu'ils rendirent plus
    beaux,
Ils sont comme ils étoient, les deux Astres
    Jumeaux.

D'UN COCU VOLONTAIRE.

EPIGRAMME.

ROBin de ſes Cornes ſe vante,
Car il en vit ce pauvre ſot :
Du bois que ſa femme lui plante,
Ce Cocu fait boüillir ſon pot.

Sur un Homme amoureux de ſa Couſine Germaine.

SONNET.

QUelque profonds reſpects qu'un ſaint
    dévoir imprime,
Ses charmes nompareils ont engagé ma foi,
Et mon cœur amoureux, ſi-tôt que je la voi;
S'embraſe à ſes regards, & devient ſa victime.
    Que n'ai-je un Diadême en l'ardeur qui
    m'anime,
Ce rang impérieux feroit ceder la Loi,
Et Rome impitoyable au martyre d'un Roi,
Par ſon pouvoir ſacré le rendroit légitime.
    En l'état où je ſuis, je voudrois dès demain
Qu'un déluge nouveau perdant le Genre hu-
    main,
N'affranchît qu'elle & moi de la fureur de
    l'onde,
    Lors j'aurois lieu d'aimer cette chere moi-
    tié,

Dieu nous diroit, croiſſez, & repeuplez le
 monde,
Et l'amour ſans horreur uniroit l'amitié.

SUR LE MÊME SUJET.

IRis dans l'Univers ne voit point ſa pareille,
Son viſage eſt celeſte, elle n'a rien d'hu-
 main,
La neige n'eſt point blanche à l'égal de ſa
 main,
Ses yeux charment les yeux, ſa voix ravit l'o-
 reille.
 J'aime ſi chérement cette jeune merveille,
Qu'un Roi m'offenſeroit s'il touchoit ſon
 beau ſein,
Je crains même qu'il n'ait deſſus elle deſſein,
Et mon cœur eſt jaloux de l'Ange qui la veille.
 Je l'entretiens ſouvent, je la voi chaque jour,
J'ai réſolu cent fois de lui parler d'amour,
Et de lui découvrir ma paſſion extrême.
 Mais par quels complimens pourrai je
 m'exprimer,
La nature & le ſang m'ordonnent que je l'ai-
 me,
Et l'un & l'autre enfin me défend de l'aimer.

SONNET LIBRE.

UN jour que j'étois à Conſeſſe,
Iris en pompeux apareil,

Vint au Temple écouter la Meſſe,
Eclatante comme un Soleil.

Je la vis, je brûlai pour elle,
Mon cœur ne pût s'en garantir,
Et voyant qu'elle étoit ſi belle,
Je ne pouvois m'en repentir.

Le Prêtre enfin m'y fit réſoudre,
N'oſant pas autrement m'abſoudre;
Mais hélas, qu'on eſt peu touché
Des remorts d'une telle offenſe!
Jamais je n'ai fait pénitence,
D'un plus agréable péché.

LE TEMPLE

DE LA MORT.

SOus ces Climats glacez, où le flambeau
    du monde
Epand avec regret ſa lumiére féconde;
Dans un Iſle déſerte eſt un Valon affreux,
Qui n'eut jamais du Ciel un regard amou-
   reux.
Là ſur de vieux Cyprez dépoüillez de verdure
Nichent tous les Oiſeaux de malheureux au-
   gure,
La terre pour toute herbe y produit des poi-
  ſons.
Et l'Hyver y tient lieu de toutes les Saiſons.
Tous les champs d'alentours ne ſont que
  Cimetieres;

Mille sources de sang y font mille rivieres,
Qui traînant des corps morts & de vieux of-
  semens,
Au lieu de murmurer font des gémissemens.
Au creux de ce Valon dès l'enfance du monde,
Est un temple fameux d'une figure ronde,
Quatre portes de fer en quatre endroits divers,
Par l'ordre des destins partagent l'Univers;
L'une est vers le Couchant, & l'autre vers
  l'Aurore.
L'une voit Samarie, & l'autre voit le More;
Et là viennent en foule, & sous d'égales loix
Les jeunes & les vieux, les Peuples & les
  Rois,
La vieillesse, la fiévre, & les douleurs mortel-
  les,
Sont de ces huis sacrez les portieres fidelles:
Leurs habits font de deüil, & cet obscur ma-
  noir
A ses funestes murs entourez de drap noir,
Où des flambeaux de poix, des lumieres fune-
  bres
Par leurs noires vapeurs augmente les téne-
  bres.
Un Monstre fans raison, aussi bien que sans
  yeux
Est la Divinité qu'on adore en ces lieux.
On l'apelle la Mort, & son cruel Empire
S'étend dessus les jours de tout ce qui res-
  pire.
L'objet le plus charmant que voyent les
  mortels,

Venoit d'être immolé fur ces fameux Autels,
La place d'alentour étoit toute fanglante,
Et rougiffoit encor du meurtre d'Amaranthe,
Alors que Lizidor, dont le funefte amour
Eft connu de tous ceux qui connoiffent le
    jour,
L'ame de defefpoir & de fureur atteinte,
Dans ce temple facré proféra cette plainte:
Puiffante Déité, qui porte dans tes mains
Ce vieux Sceptre roüillé craint de tous les
    humains,
De qui l'aveuglement ne refpecte perfonne,
Et n'épargna jamais ni Sceptre, ni Couronne.
Toi qui regnes par tout, & dont tous les
    mortels
Doivent enfanglanter les mains & les Autels,
Toi qui par une loi de toute âge fuivie,
Dois donner le trépas à qui reçoit la vie,
Ne ferme point l'oreille, écoute ce difcours,
Je ne viens point ici pour prolonger mes
    jours.
Mes vœux font de mourir, de cacher fous
    la terre
Une ame à qui les Cieux ont déclaré la
    guerre,
De dépoüiller ce corps de la clarté du jour,
Et ne retenir rien, fi ce n'eft mon amour.
Unique réconfort des douleurs incurables,
Port où font à couvert les efprits miférables,
Déeffe qui conduis aux infernales eaux,
Frape, je tens le fein à tes facrez coûteaux,
Ne prive pas mon cœur d'un efpoir légitime,

Et ne refuse pas le coup à ta victime :
Les autres oublians qu'on les a fait mortels,
Se font traîner par force au pied de tes Autels.
Ce murmure confus, & ce confus carnage
De corps si differens de rang, de sexe, d'âge ;
Ce fer fumant de sang que l'on vient d'épan-
	cher,
Ces têtes & ces bras épars sur ce bucher,
Ces flâmes que le tems ne voit point amor-
	ties,
Ces pleurs mélez aux cris des mourantes ho-
	sties,
Tout ce tragique apprêt les fait déja souffrir ;
Ils se laissent ôter ce qu'ils devroient offrir,
En faisant à regret ce que le Ciel demande.
Leur lâcheté noircit leur gloire & leur of-
	frande,
Leur maintien devant toi n'a rien que d'in-
	décent,
La peur pour un trépas leur en fait craindre
	cent.
Le feu perd dans leur sein l'honneur de son
	office,
Le Prêtre fait un meurtre au lieu d'un Sa-
	crifice,
En profane ses mains en rompant les accords,
Que la nature a mis entre l'ame & le corps.
Du moins que ton saint bras s'arme contre ma
	tête,
Qu'il fasse dessus elle éclater sa tempête ;
J'ai bien assez de cœur pour ne reculer pas,
Et voir tomber le coup qui porte le trépas :

Mes yeux seront sans pleurs , & ma bouche
    sans plainte ,
Mon corps sans tremblement , & mon ame
    sans crainte :
Ne crois pas que le tems qui tarit tous les
    pleurs ,
Cet heureux Médecin de toutes les douleurs ,
Lui de qui tant d'Amans ont senti le reméde ,
En apporte jamais au mal qui me posséde.
En vain tout l'Univers le voudroit secourir ,
Toi seul as dans tes mains ce qui le peut gué-
    rir ;
Et pour te faire voir comme il est incurable ,
Apprens ce que mon sort a de plus déplorable.
    Entre un nombre infini d'adorable beautez ,
Qu'enfanta dans ses murs la Reine des Citez ,
Paris dont l'Univers ne voit point de pareille ,
Chacun sçait qu'Amarante étoit une merveil-
    le ,
La gloire de brûler aux flâmes de ses yeux ,
Contentoit les désirs des plus ambitieux ,
Et ses fers captivant les ames des plus braves ,
Faisoient autant de Rois , comme ils fai-
    soient d'esclaves ;
Amour de qui les feux m'ont été si cuisans ,
Me fit voir cette belle en ses plus jeunes ans ,
Sa main mal assûrée , & ses regards timides ,
Firent sur moi l'essai de leurs traits homici-
    des ,
Ce fut devant mon cœur qu'elle apprit à tirer ,
Mon cœur fut le premier qu'elle fit soûpirer :
Et mes yeux arrosant ses belles mains de lar-
    mes

Payerent les premiers le tribut à ses charmes:
Mais comme le premier entre tous les mortels,
Je lui rendis des vœux & bâtis des Autels :
Aussi de tant d'Amans épris de cette gloire ,
Amarante me crut digne de sa victoire,
Ma conquête lui plût, & mon cœur enflâmé
Ne l'aima pas long-tems , sans qu'il en fût
　　aimé ,
Sa glace se fondit aux ardeurs de ma flâme ,
Son ame compâtit aux milieu de mon ame,
Son cœur de ses soûpirs honora mes douleurs,
Ses beaux yeux pour des pleurs me donnerént
　　des pleurs ,
Sa voix me consola dans mes plus fortes gênes,
Et sa divine main vint soûtenir mes chaînes :
J'étois l'unique objet de ses affections ;
Ma tristesse & ma joye étoient ses passions.
Ma crainte dans son ame excitoit mille crain-
　　tes ,
Et mes moindres douleurs faisoient naître ses
　　plaintes :
Deux cœurs ne respiroient que les mêmes
　　desirs ,
Et deux cœurs ne poussoient que les mêmes
　　soûpirs.
　　Ici je te permets trop fidelle mémoire ,
De cacher à mes yeux le comble de ma gloire,
Ne me fais point trouver dans ses bras lan-
　　guissans ,
Ne met point son beau corps au pouvoir de
　　mes sens ;
Que toutes ses faveurs passent pour des men-
　　songes ,　　　　　　　　　　　　　　Et

Et tant d'heureuses nuits me soient autant de
    songes,
Dérobe à mon penser ces précieux trefors,
Qui me firent aimer son esprit & son   corps
Donne à tant de beautez une ame inéx orable
Fais-la moi sans pitié, si tu m'es pitoyable,
Et pour rendre aujourd'huy mon mal moins
    rigoureux,
Forme-la moins aimable, ou me rend moins
    heureux;
Mais j'ai beau me flatter pour soulager ma
    peine,
Elle fut toûjours belle, & jamais inhumaine,
Son ame fut d'accord avecque mes défirs,
Et je foûpirai peu qu'au milieu des plaisirs;
De tant de paffions dont nous fommes la
    proye,
J'ignorois prefque tout, hors l'amour & la
    joye,
Le Ciel ne voyoit rien de plus heureux que
    moi,
Et je goûtois un bien auffi pur que ma foi,
Las! fut il auffi pur, mais non pas fi durable
Et ma félicité fut un fonge agréable;
Sa beauté fut pareille à celle d'un éclair,
Qui dans l'obfcure nuit brille au milieu de
    l'air:
Son jour rit à nos yeux, mais il porte la fou-
    dre,
Qui frappe, qui terraffe & qui reduit en pou-
    dre,
Et nous fert bien fouvent de funefte flambeau

K

Pour mener nos esprits vers la nuit du tom-
        beau.
J'étois dans les transports des premieres deli-
        ces,
Dont amour couronna mes fidéles services,
Lors qu'une ardente fiévre assaillit la beauté,
Qui dedans ses liens tenoit ma liberté.
Il n'est rien ici-bas qui ne soit périssable,
Les plus fermes rochers sont assis sur le sable,
Les Trônes & les Rois sont rongez par les vers,
Et deux points sont l'appui de ce grand Uni-
        vers,
Tout fléchit sous les loix des fiéres destinées,
Tout paye le tribut au Tyran des années,
Et nos peres ont vû son bras audacieux,
Renverser leurs Autels, & foudroyer leurs
        Dieux :
Amarante languit d'une fatale atteinte,
Sa constance à son mal veut dérober la plainte,
Et comme dans un Fort se retire en son cœur,
Mais il s'en rend le maître, & le traite en
        vainqueur ;
La fiévre en ce beau corps orguëilleuse &
        hautaine,
Sur des ruisseaux de sang serpente & se pro-
        mene,
Et le feu dans la main menace du tombeau,
Tout ce que la nature a de riche & de beau,
Elle éface les fleurs sur son visage écloses,
Y fait jaunir les lys, y fait pâlir les roses,
Et ravit à son teint cet éclat nompareil,
Qui ne devoit périr qu'avecque le Soleil,

Ses yeux dont les rayons illuminoient mon
    ame,
Ne jettent plus de traits, ne jettent plus de
    flâmes,
Ces beaux Astres n'ont plus leur mouvement
    si prompt,
Et la seule douleur regne dessus son front :
De moment en moment sa peine devient
    pire,
Son ame la ressent, sa bouche la soûpire ;
Elle pour qui l'on vit soûpirer tant d'amans,
Soûpire à cette fois sous l'éfort des tourmens,
Et par de tristes cris qu'interrompent ses
    plaintes,
Etonne mon amour & réveille mes craintes.
J'accuse de mon sort & la terre & les Cieux,
Et je rens criminels les hommes & les Dieux,
Je deviens furieux & contraire à moi-même,
Mon cœur forme des vœux, & ma bouche
    blasphême,
J'implore son secours & blesse leur bonté,
Et mets le sacrifice avec la pieté :
Ce qui plus me travaille en ma triste avan-
    ture,
Est qu'il me faut cacher le tourment que j'en-
    dure,
Je voile mes ennuis, je dévore mes pleurs,
J'interdis ma parole à mes justes douleurs,
Je fais mentir mes sens, ma voix & mon vi-
    sage,
Je feins d'avoir du calme au milieu de l'o-
    rage,

K 2

J'ai l'espoir dans la bouche, & l'effroi dans
 le sein,
Et plus que demi-mort je contrefais le sain.
 Mais qui peut long-tems feindre aux yeux
  de son Amante !
Qui peut voir d'un œil sec sa Maîtresse mou-
  rante !
Quand ma raison m'eût dit qu'un outrage si
  beau!
Devoit dans peu de jour enrichir un tom-
  beau,
Amour me fit bien prendre un autre person-
  nage.
Je change de couleur, je change de langage,
Et tous mes sentimens revoltez contre moi,
Témoignerent ma crainte, & trahirent leur
  foi,
Cette belle malade interprête mes larmes,
Explique mes soûpirs, juge de mes allarmes,
Elle lit sur mon front son lamentable sort,
Et voit dedans mes yeux l'image de sa mort:
Ce n'est pas son tourment, mais le mien qui
  l'outrage,
Son mal, & non le mien, étonne mon cou-
  rage,
Nous ressentons tous deux ce que nous n'a-
  vons pas.
Elle plaint ma d'ouleur, & je crains son tré-
  pas.
Pour les maux étrangers nos ames sont pas-
  sibles,
Et nous sommes sujets à des chagrins sensibles,

La fiévre cependant se rit de nos douleurs,
S'accroît par nos soûpirs, s'enflâme par nos
    pleurs,
Et son ardeur fait voir que toute son envie,
Est de borner le cours d'une si belle vie.

    Amarante voyant qu'un sort injurieux,
Alloit bientôt fermer & sa bouche & ses yeux,
Me tendit en pleurant sa belle main tremblan-
    te,
La mit dedans la mienne, & d'une voix mou-
    rante,
Exprima dans ses mots sa vivante amitié,
Mais helas ! ses soûpirs en dirent la moitié.
C'en est fait, à ce coup la vigueur me delaisse,
Je vas perdre la vie, & tu perds ta Maîtresse,
Je meurs, mais je meurs tienne, & la sevére
    Loi,
Qui peut tout sur mes jours, ne peut rien sur
    ma foi,
Et ton beau nom qui fut mon tourment & ma
    gloire, le
Malgré l'ordre du sort, passera l'onde noire,
Ah ! mon cher Lyzidor que je puis bien nier,
Que l'espoir soit en nous ce qui meurt le der-
    nier,
Puisque pour mon supplice, il est vrai qu'en
    mon ame
Je n'ai plus d'esperance, & j'ai beaucoup de
    flâme,
Je n'espere plus rien, mais helas ? j'aime en-
    cor,
Je renonce à la vie, & non à Lyzidor.

Ma force diminuë, & mon défir augmente,
Ma lumiere eft éteinte, & mon ardeur vivan-
te ;
Je ne la quitte pas même en quittant le jour,
Et perdant mon Amant, je garde mon amour.
Le foûpir qui pouffa cette belle parole,
Comme un Globe enflâmé vers les Aftres s'en-
vole.
Amarante fans voix, fans poulx, fans mou-
vement,
Tombe dedans les bras de fon fidéle Amant,
Qui ne pouvant mourir auprès de cette Belle,
Fit voir qu'on ne meurt pas d'une douleur
mortelle.
Déeffe, qui connois l'excès de mes malheurs,
Nepargne point mon Sang, mais épargne
mes pleurs,
Et permets que j'abrege un difcours fi funefte,
Mon extréme douleur te dit affez le refte :
Tu vois par ce recit qui dépeint mes amours,
Si mon tourment a tort d'implorer ton fe-
cours,
Si je puis vivre encor fans me noircir de cri-
mes,
Et fi mes triftes vœux ne font pas légitimes.
Viens mon unique efpoir ; tu vas an tant de
lieux,
Où fon nom eft l'éfroi des jeunes & des vieux,
Aproche, que ta main en meurtres fi feconde,
Faffe un coup aujourd'hui qui m'ôte de ce
monde,
Lance un trait deffus moi, je ne demande pas

Un de ceux dont les Rois reçoivent le tré-
  pas,
Le moindre suffira pour détacher mon ame,
Et couper de mes jours la malheureuse trame;
Mais c'est trop de prier, & c'est trop discou-
  rir,
Essayons si sans toi nous pourrons bien mou-
  rir.

EPIGRAMME.

Quand Jean si rempli d'amitié
  Dit que sa femme est sa moitié,
Je trouve qu'il a bonne grace;
Car si dès qu'il est endormi,
Un autre succede en la place,
Elle n'est à lui, qu'à demi.

STANCES ENIGMATIQUES

DE

DAMON A IDALIE.

L'On m'a conté belle Idalie,
  Depuis que vous ne m'avez vû,
Qu'un certain Cardinal qui n'est pas d'Italie,
  Vous avoit prise à dépourvû :
  Que cette Eminence importune,
  Qui va comme il plaît à la Lune,
Vous fit hier insulte au milieu du Jardin

Et par une insolence à nulle autre seconde,
　Fit dans un Palais de Satin
　Le plus grand désordre du monde.
　Il vint troubler votre repos,
Et sans doute il vous fit une piéce sanglante,
　D'arriver si mal à propos ;
　L'amour, digne Portier d'un antre,
　Où mes désirs trouvent leur centre,
Abandonna la place, & n'osa la garder,
Et plus triste & confus que l'on ne sçauroit
　　dire,
　Se sauva voyant inonder
　Le plus beau lieu de son Empire.
　A ce malheur les destinées
　Voulurent vous assujetir ;
C'est ici qu'aux Amans les mois sont des an-
　　nées,
　Et qu'ils disent tous sans mentir,
　Que nature se fait outrage
De gâter son plus bel ouvrage,
De peindre le carnage où gît la volupté,
Et soüiller sans raison par une erreur extrê-
　　me,
　Des marques de la cruauté,
　Le séjour de la douceur même.

REPONSE

D'IDALIE A DAMON.

Puisqu'un peu de sang vous étonne,
Vous n'êtes pas propre aux combats ;

Et Venus aussi-bien que Mars & que Bel-
    lonne,
Veut de plus hazardeux soldats ;
  Pour un rien vous perdez courage,
  Et l'on voit sur votre visage,
Le dégoût, le dédain, le mépris, la froi-
    deur.
Qu'attendre donc de vous dans les grandes
    affaires,
  Si manque de force & de cœur,
  Vous craignez tant les ordinaires?
  Tous les Dieux vous étoient propices,
  Tout rioit à votre dessein,
Quand vous cherchiez le lieu où naissent
    les délices,
  Amour vous traçoit le chemin,
  Et vous faisant mille caresses,
  Signoit de mon sang les promesses,
De le faire durer jusqu'à l'éternité :
Ce long-tems de plaisir valoit-il pas la peine,
  D'essuïer l'incommodité
  De quelque mauvaise semaine ?
  Que votre prunelle est malade,
  L'incarnat blesse sa vigueur !
Vous croïez-vous percé de cent coups d'Es-
    tocade
  Quand vous voyez cette couleur?
  Le petit, quoi qu'on en die,
  Est une douce maladie :
Dont le sanglant éfet enchante nos douleurs ;
Damon, je n'entens plus que mon amour
    vous lie,

Puisque vous n'aimez pas les fleurs,
N'esperez plus de part au jardin d'Italie.

EPITAPHE.

C'est l'Amour qui l'a fait mourir,
Et ne la veut pas secourir,
Tant de laideur est efroyable ;
Le sort n'est-il pas inhumain !
Lise, tant elle est misérable,
Ne peut venir à bout de devenir Putain.

LE MILIEU EST LE MEILLEUR.

RONDEAU.

Dans le milieu le Proverbe vulgaire
Dit que vertu consiste d'ordinaire,
Et moi qui suis volontiers le chemin,
Sans me piquer d'être habile, ni fin,
Je fais ainsi que l'amour me suggere.
Je crains pourtant, Philis, de vous dé-
plaire,
Et c'est en vain, dites-vous, que j'espere
De rencontrer mon plus heureux destin
Dans le milieu.
Mais dûssiez vous en rougir de colére,
Rien ne sçauroit quelque jour me distraire
De vous aller prendre au lit au matin,
Pour essaier si l'on trouve la fin
De la plus douce & plus joyeuse affaire,
Dans le milieu.

AUTRE.

JE ne suis pas de ces gens là,
Qui font cinq ou six coups cela,
Quand ils sont avec une femme :
Car pour une fois sur mon ame
Je le fais bien, & puis holas.
   Une fois une m'en parla,
Et en m'en parlant m'accola ;
Mais je lui dis, parbleu, Madame,
   Je ne suis pas de ces gens-là.
   Incontinent elle s'en alla,
Et jamais depuis n'en parla.
Quoi pour assouvir une infâme,
Je perdrois mon… & mon ame,
Et mourrois en faisant cela !
   Je ne suis pas de ces gens-là.

EPIGRAMME.

CEtte Dame a fait comme Troye,
De braves gens sans aucun fruit
Furent dix ans à cette proye,
Un Cheval n'y fut qu'une nuit,

ETRENNES.
SONNET.

MAdame, je vous donne un oiseau pour
   étrennes,

Duquel on ne sçauroit estimer la valeur,
S'il vous vient quelque ennui, maladie ou
    douleur,
Il vous rendra soudain à votre aise & bien
    saine.
    Il n'est mal d'estomach, colique, ni mi-
    graine,
Qu'il ne puisse guérir, mais sur tout il à
    l'heur,
Que contre l'accident de la pâle couleur,
Il porte avecque soi la drogue souveraine.
    Une Dame le vit dans ma main l'autre
    jour,
Qui me dit que c'étoit un Perroquet d'amour,
Et dès-lors m'en offrit bon nombre de mon-
    noye.
    Des autres Perroquets il diſére pourtant:
Car eux fuyent la cage, & lui il l'aime tant,
Qu'il n'y est jamais mis qu'il n'en pleure de
    joye.

SONNET IRRE'GULIER.

Comtesse, dont l'indifference
  Me persécute au dernier point,
Sans cesse je pense & repense,
D'où vient que vous ne m'aimez point.
    Est-ce à cause de ce visage,
Que Nature n'a pas fait beau,
En-recompense je suis sage,
Et de plus, doux comme un agneau.

J

Je fçai railler, je fçai médire,
Et pour peu que vous vouliez rire,
Auſſi-tôt je fais mes éforts.
Faut-il pour demi pied de face,
Faire enrager cinq pieds de corps,
Qui vaut bien qu'on le ſatisfaſſe ?

JOUISSANCE

THirſis vouloit perdre le jour,
En regardant les yeux de celle qu'il adore,
Quand elle dont le cœur n'avoit pas moins
　　d'amour,
　Lui dit, ha ! ne meurs pas encore,
　Puiſque nos cœurs vivent ſous même loi,
　Je veux mourir avecque toi.
　Thirſis retint le déſir qu'il avoit
　De finir lors ſa belle vie ;
Mais il ſoûfrit la mort de ce qu'il ne pou-
　　voit
En mourant, aſſez tôt contenter ſon envie ;
　Et cependant tenoit toujours ces yeux,
　Sur ceux de ſa douce ennemie,
　Dont il ſuçoit le Nectar amoureux.
Sa belle Nymphe, enfin qui ſentoit les apro-
　　ches,
Du d'oux chatoüillement qui réſout nos hu-
　　meurs,
Avec des yeux puiſſans pour animer des ro-
　　ches,
　Lui dit, mourons, Thirſis, je meurs.
　　　　　　　　　L

Et moi, reprit ſoudain le Berger tout de flâ-
　　me,
Dans cette même mort avec toi je me pâme.
　　Ce fut ainſi que ce couple d'Amans
Eut un trépas ſi plein d'une douceur extrê-
　　me,
　　Que pour mourir encor de même,
Il revint à la vie après quelques momens.

D'UN BUCHERON.

UN Bucheron fendant du bois,
　　Ne ſe donnoit point de relâche,
Et faiſoit han à chaque fois,
　　Qu'il donnoit un grand coup de hache.
　　Sa femme craignant quelque entorce,
Dit à quoi bon han ſi ſouvent?
Han, dit-il, augmente la force,
Et le coup entre plus avant.
　　La nuit le bon homme joyeux
Voulant rire avec ſa femme,
Mon mari, dit la bonne Dame,
Faites han, il entrera mieux.
　　Ho! non, ce dit-il, ſans attendre,
Ce ſeroit han & tems perdu,
Mon deſſein n'eſt pas de le fendre,
Car tu ne l'as que trop fendu.

SONNET.

UNe Dame blâmoit ſa ſervante accuſé
D'avoir fait en jouant ce qu'on fait del
　　l'eau,

Viens-çà, nomme - le moi , pauvre fille abu-
  fée ,
Le méchant qui ofa chez nous faire un Bor-
  deau.
  C'eft votre Maréchal , Madame , Hola ru-
  fée !
Combien as-tu de fois remanché fon Marteau?
Il me fit fix . ., en filant ma fufée ,
Encore vouloit-il lever mon Devanteau.
  Six . . . ce dit la Dame en extafe ravie ,
Une Femme d'honneur s'en feroit bien fervie.
Ote-toi , ta préfence attire mon courroux.
  La laide , la foüillonne , la petite impuden-
  te ,
C'eft bien à telle Gueufe à le faire fix . . .
Je m'y pafferois bien moi qui fuis Préfide-
  te.

D'une belle Sote, qui allaitoit fon Fils.

EPIGRAMME.

Alix dit que fon Fils vivra plus de cent
  ans ,
Que tous les Médecins lui font cette promeffe,
Pour moi je ne crois pas qu'il vive fi long-
  tems ,
  Il prend déja du lait d'Aneffe,

César souhaitoit pour ses Troupes du beau
tems le jour, & de la plui la nuit.

EPIGRAMME.

CAtin qui fait toute la nuit l'Amour,
Et tout le jour va chercher à qui plaire,
Comme César veut pour la satisfaire.
De l'eau la nuit, & du beau tems le jour.

Une Fille qui s'étonnoit de voir un jeune
Homme à la Messe à S. Antoine.

SONNET.

POurquoi vous étonner de me voir dans
        l'Eglise
Rendre ce que je dois à la Divinité ;
Ai-je autrefois vêcu dedans l'impiété,
Que l'entrée aujourd'hui ne m'en soit plus
        permise ?
    Aprenez que le Ciel connoissant ma fran-
        chise,
Et la dévotion qui m'y tient arrêté,
Par un juste courroux contre vous irrité,
Vous pourra bien punir de vous en voir sur-
        prise.
    Il faut avoir pour moi de meilleurs senti-
        mens,
Si vous voulez fuir ses justes châtimens,
Et juger de mon ame ainsi que de la vôtre.

Autrement faint Antoine à qui je rens mes
    vœux ,
Vous punira d'un feu qui furpaffe tout autre ,
Mais moindre toutefois que celui de vos yeux.

LE GOUSSET.

SONNET IRRE'GULIER.

LE Ciel vous a formée ici-bas fans feconde,
Non pas en vous donnant fes plus riches
    tréfors ,
Mais au malheur des nez en vous ornant le
    corps
    Du plus friand Gouffet du monde.
    Il exale une odeur qui paffe les plus fines ;
Mais une odeur fi propre à nous faire enra-
    ger ,
Que chauffons de Laquais , & pied de Mef-
    fager
    Sont moins ennemis des Narines.
    Madelon , ce qu'on voit de femmes fous
    les Cieux
Ne nous bleffent jamais le cœur que par les
    yeux ,
    Qui font les fenêtres de l'ame.
    C'eft par là-feulement que nous fommes
    gênez :
Et vous toute contraire au propre de la fem-
    me ;
Vous bleffez le cœur par le nez.

Sur un Pet qu'un Amant fit en présence de sa Maîtresse,

STANCES.

UNique objet de mes désirs,
Philis, faut-il que mes plaisirs
Pour rien se changent en supplices,
Et qu'au mépris de votre foi,
Un Pet éface les services
Que vous avez reçûs de moi !

Je sçai bien, ô charmant objet,
Que vous avez quelque sujet
D'être pour moi toute de glace,
Et confesse ingenüement,
Puisque mon cul fait ma disgrace,
Qu'elle n'est pas sans fondement.

Si pourtant cet extrême amour,
Dont j'eus des preuves chaque jour,
Pour un Pet s'est changé en haine,
Vous ne pourriez jamais songer]
A rompre une si forte chaîne,
Pour aucun sujet plus leger.

Mon cœur outré de deplaisirs
Etoit gros de tant de soupirs,
Voïant votre amour si farouche,
Que l'un d'eux se trouva réduit,
Ne pouvant sortir par ma bouche,
A chercher un autre conduit.

S'il est vrai qu'on n'ose nier
La porte à chaque prisonnier,

Alors que la Princesse passe ;
Ce Pet pouvoit avec raison
Vous demander la même grace ,
Puisqu'il se voyoit en prison,
   Mais s'il n'est pas fort bien conduit ,
Qu'il ait fait quelque peut de bruit ,
Lors qu'il se fraya cette voye ;
C'est qu'il étoit si transporté ,
Qu'il fit en l'air un cri de joye ,
En recouvrant sa liberté.
   Hélas ! quand je viens à songer
A ce sujet foible & leger ,
Qui cause mon malheur extrême :
Je m'écrie en ma vive ardeur ,
Falloit il me mettre en moi-même
Prés de vous en mauvaise odeur ?
   Si pour un Pet fait par hazard ,
Votre cœur où j'ai tant de part
Pour jamais de moi se retire ;
Voulez-vous que dorénavant
Vous me donniez sujet de dire
Que vous changez au moindre vent.
   Ne faites-donc point d'autre choix,
Et puisque votre ame à mes loix
S'étoit soumise toute entiere ,
Soyez telle qu'auparavant,
Ou l'on dira que mon derriere
M'a fait perdre votre devant.

LE FAINEANT.
MADRIGAL.

Vous êtes, Jeanneton, fort grande mé-
	nagere,
Jamais Femme ne fut plus active que vous,
Vous ne laissez jamais la moindre chose à
	faire
		A votre gros & gras Epoux ;
Soit qu'il dorme en son lit, ou qu'il fasse
	l'yvrogne,
Il est toujours certain que l'on fait sa besogne,
Si bien qu'il vit content sans peine & sans
	ennui :
Car comme il aime à boire & dormir à son ai-
	se,
		Il est ravi, le pauvre Blaise,
Qu'on fasse à la maison toutes choses sans lui.

Sur un Pet lâché en bonne Compagnie.

STANCES

Philis, effacez la rougeur,
	Qu'une trop sévere pudeur
A peinte sur votre visage,
Laissez dire le médisant :
Pour atteindre un long & bel âge,
Il faut donner à son cul vent.

Cet accident n'est pas mortel,
Il n'est rien de si naturel,
Ni certes de plus ordinaire ;
Hé que vous peut-on reprocher,
Sinon d'avoir mis en lumiére
Ce qu'un scrupule fait cacher ?
Une autre plus fine que vous
Eût serré cuisses & genoux,
Pour le convertir en femelle ;
Mais si de gens si raffinez :
Ce qu'à l'oreille on nous cele,
Nous coûte bien plus cher au nez.
L'occasion prise au collet,
Vous entonnâtes le Motet,
Comme nous gardions le silence,
Et chacun resta convaincu,
Que l'on devoit telle audience
Aux doux accens de votre cul.
Ah! Philis, ce beau ton de voix
Nous réduisit tous aux abbois,
Et sortit avec tant de grace,
Que je m'écriai tout confus,
Heureux avecque cette Basse,
Qui pourra faire le dessus.
Mais ô folle exclamation !
N'entrons point en tentation
Sur si délicate matiere,
Autant en emporte le vent :
Si Philis ouvre le derriére,
C'est pour mieux fermer le devant.

L'HEUREUSE AVENTURE.
SONNET.

POur éviter l'ardeur d'un brûlant jour
    d'Eté,
Catin deſſus ſon lit dormoit à demi-nuë,
Dans un état ſi beau, qu'elle eût même
    tenté
L'humeur la plus pudique & la plus retenuë.
    Sa juppe permettoit de voir en liberté
Ce petit lieu vermeil qu'elle cache à la vûë,
Le centre de l'Amour & de la Volupté,
La cauſe d'un beau feu qui m'enflàme & me
    tuë.
    Un ſi ſenſible objet & cette occaſion,
Baniſſans mon reſpect & ma diſcrétion,
Me firent embraſſer cette belle dormeuſe.
    Alors elle s'éveille à cet effort charmant,
Et s'écrie auſſi-tôt, ah que je ſuis heureuſe!
Les biens, comme l'on dit, me viennent
    en dormant.

LA PICARDE.

SONNET.

PErdez le vain eſpoir de m'avoir pour
    Epoux,
Ce n'eſt pas mon deſſein, Orante, je n'ai
    garde.

Et si jamais l'Amour me réduit sous vos
    coups,
Je veux que l'on me berne, & que l'on me
    nazarde.
  Ce n'est pas que vos yeux ne soient bril-
    lans & doux,
Qu'ils ne puissent charmer, quiconque les
    regarde,
Que vous ne puissiez voir mille Amans à
    genoux ;
Mais j'aime la douceur, & vous êtes Picar-
    de.
  Je n'eus jamais d'amour, ni d'inclination
Pour ces esprits trop chauds de votre Na-
    tion,
Qui sont toujours en feu, quoique francs
    & sans fraude.
  Ainsi rien ne me fait éviter vos appas,
Sinon que la Picarde a la tête si chaude,
Que c'est un grand hazard si le cul ne l'est pas.

MADRIGAL.

Venus ayant perdu l'Amour tant cheri
    d'elle,
  Promettoit un baiser
A celui, qui pourroit en apprendre nouvelle.
  Soudain pour l'appaiser,
Je l'aborde en riant, & lui dit ma Déesse,
  N'ayez plus tant de peur :
Votre fils n'est pas loin, tenez votre pro-
    messe,

Le voici dans mon cœur.

STANCES.

CEluiquivous épouse espere un prompt
  veuvage,
Et sans doute ce pauvre Amant
Entend que le Contrat de votre mariage
  Passe pour votre Testament.
Comme vous n'êtes rien qu'une foible re-
  lique,
  L'objet de la compassion,
Quand on dit que sur vous un Sacrement
  s'applique,
  Je songe à l'Extrême-Onction.
Cet Oiseau qui sur vous s'est pris à la pen-
  tiere,
  N'a pas les yeux si bons qu'Argus,
Coucher avecque vous une nuit toute entiere,
  Et n'avoir que dix mille écus.
Les plus intempérez de votre bonne grace
  Ne donneront pas un teston ;
Et l'on peut bien juger qu'on est à la besace,
  Quand on vous touche le teton.
Soûfrez ce petit mot sans l'appeller Satyre,
  D'un stile si franc & si doux
Vous êtes en état où l'on ne peut médire,
  Quelque chose qu'on die de vous.

JOUISSANCE

JOUISSANCE.
SONNET.

AUjourd'hui dans tes bras je demeure
pâmée,
Aujourd'hui, cher Thirſis, ton amoureuſe
ardeur
Triomphe impunément de toute ma pudeur,
Et cede au doux tranſports dont je me ſens
charmée.

Ta flâme, ton reſpect m'ont enfin deſar-
mée,
Dans nos embraſſemens je mets tout mon
bonheur,
Et je ne connois plus de vertu ni d'honneur,
Puiſque j'aime Thirſis, & que j'en ſuis aimée.

O ! vous, foibles eſprits qui ne connoiſſez
pas
Les plaiſirs les plus doux que l'on goûte ici
bas,
Apprenez les tranſports dont mon ame eſt
ravie.

Une douce langueur m'ôte le ſentiment,
Je meurs entre les bras de mon fidéle
Amant,
Et c'eſt dans cette mort que je trouve la vie.

IMPUISSANCE.

QUoi ne l'avois-je aſſez en mes vœux dé-
ſirée,

M

N'étoit-elle affez belle ou bien affez parée,
Etoit elle à mes yeux fans grace & fans appas,
Son fang n'étoit-il point iffu d'un lieu trop bas,
Sa race, fa maifon n'étoit-elle eftimée,
Ne valoit-elle point la peine d'être aimée?
Inhabile aux plaifirs n'avoit-elle de quoi,
Etoit-elle trop belle, ou trop laide pour
			moi ?
Ha cruel fouvenir ! cependant je t'ai vûë,
Impuiffant que je fuis, en mes bras toute
			nuë,
Et n'ai pû le voulant tous deux également,
Contenter nos défirs en ce contentement.
Au furplus à ma honte, Amour, que te di-
			rai-je ?
Elle mit en mon col fes bras plus blancs que
			neige,
Et fa langue mon cœur par fa bouche em-
			brafa,
Bref, tout ce qu'ofe Amour, ma Déeffe l'ofa,
Me fuggérant la Manne en fa lévre amaffée,
Sa cuiffe fe tenoit en la mienne enlaffée,
Les yeux lui petilloient d'un défir langou-
			reux,
Et fon ame exhaloit maints foûpirs amou-
			reux :
Sa langue en bégayant d'une façon mignarde
Me difoit,, mais mon cœur, qu'eft ce qui nous
			retarde ?
N'aurois-je point en moi quelque chofe qui
			pût
Offenfer vos défirs, ou bien qui vous déplût?

Ma grace, ma façon, ha Dieu ! ne vous plait-
    elle ?
Quoi, n'ai-je affez d'amour, ou ne fuis-je
    affez belle ?
Cependant de la main animant fes difcours,
Je trompois impuiffant fa flâme & nos amours:
Et comme un tronc de bois, charge lourde &
    pefante,
Je n'avois rien en moi de perfonne vivante :
Mes membres languiffans perclus & refroidis,
Par ces atouchemens n'étoient moins engour-
    dis ;
Mais quoi ! que deviendrai-je en l'extrême
    vieilleffe,
Puis que je fuis rétif au fort de ma jeuneffe ?
Et fi las ! je ne puis & jeune & vigoureux
Savourer la douceur du plaifir amoureux.
Ah ! j'en rougis de honte, & dépite mon âge,
Age de peu de force & de peu de courage,
Qui ne me permet pas en cet accouplement
Donner ce qu'en amour peut donner un
    Amant :
Car Dieux, cette beauté par mon défaut
    trompée
Se leva le matin de fes larmes trempée,
Que l'amour de dépit écouloit par ces yeux :
Reffemblant à l'Aurore, alors qu'ouvrant les
    yeux,
Elle fortit du lit honteufe & dépitée
D'avoir fans un baifer confommé la nuitée :
Quand baignant tendrement la terre de fes
    pleurs,

M z

De chagrain & d'amour elle en jette ſes fleurs.
Pour flater mon défaut , de quoi me ſert la
       gloire ,
De mon amour paſſé inutile mémoire :
Quand aimant ardemment & ardemment ai-
       mé
Tant plus je combattois , plus j'étois animé ;
Guerrier infatigable en ce doux exercice ,
Par dix ou douze fois je rentrois en la lice ,
Où vaillant & adroit après avoir briſé ,
Des Chevaliers d'amour j'étois le plus priſé ;
Mais de cet accident je fais un mauvais conte ,
Si mon bonheur paſſé à preſent eſt ma honte ,
Et ſi le ſouvenir trop prompt de m'outrager ,
Par le plaiſir reçû ne peut me ſoulager.
O Ciel ! il falloit bien qu'enſorcellé je fuſſe ,
Ou trop ardent d'amour que je ne m'aper-
       çûſſe
Que l'œil d'un envieux nos deſſeins empê-
       choit ,
Et ſur mon corps perclus ſon venin épan-
       choit ;
Mais qui pourroit atteindre aux pieds de ſon
       mérite ,
Vû que toute grandeur pour elle eſt trop pe-
       tite :
Si par l'égal ce charme a force contre nous ,
Autre que Jupiter n'en peut-être jaloux :
Lui ſeul comme envieux d'une choſe ſi belle
Par l'émulation ſeroit ſeul digne d'elle.
    Hé ! quoi , là haut au Ciel mets-tu les arm
       bas ?

Amoureux Jupiter, que ne viens-tu là bas
Joüir d'une beauté sur les autres aimable ?
Assez de tes amours n'a caqueté la Fable :
C'est ores que tu dois en amour vif & prompt
Te mettre encor un coup les armes sur le
    front,
Cacher ta Déité dessous un blanc plumage,
Prendre le feint semblant d'un Satyre sauvage,
D'un serpent, d'un cocu, & te répandre en-
    cor,
Alambique d'amour, en grosses gouttes d'or :
Et puisque sa faveur à moi seul octroyée,
Indigne que je suis, fut si bien employée ;
Faveur qui de mortel m'eût fait égal aux aux
    Dieux,
Si le Ciel n'eût été sur mon bien envieux ;
Mais encor tout boüilant sur mes flâmes pre-
    mieres,
De quels vœux redoublez & de quelles prieres
Irai-je de rechef les Dieux follicitant,
Si d'un bienfait nouveau j'en attendois au-
    tant :
Si mes défauts passez leurs beautez mécontent-
    tent,
Et si de leurs bienfaits je croi qu'ils se repen-
    tent :
Or, quand je pense, ô Dieu ! quel bien m'est
    avenu,
Avoir vû dans un lit ces beaux membres à
    nud,
La tenir languissante entre mes bras couchée,
De même affection l'avoir entretouchée :

Me baiser hésetant d'amour & de désirs,
Par ses chatoüillemens réveiller mes plaisirs :
Ha Dieu ! ce sont des traits si sensibles aux a-
    mes ,
Qu'ils pourroient l'amour même échauffer de
    leurs flâmes :
Si plus froid que la mort ils ne m'eussent
    trouvé
Des mystéres d'amour , Amant trop réprou-
    vé ,
Je l'avois cependant vive d'amour extrême,
Mais si je l'eus ainsi , elle ne m'eut de même.
O malheur ! & de moi elle n'eut seulement
Que des baisers d'un frere & non pas d'un
    Amant ,
En vain cent & cent fois je m'éforce à lui
    plaire ,
Non plus qu'à mon désir , je n'y puis satis-
    faire ;
Et la honte pour lors qui me saisit le cœur ,
Pour m'achever de peindre éteignit ma vi-
    gueur :
Comme elle se connut femme mal satisfaite,
Qu'elle perdoit son tems , du lit elle se jette,
Prend sa juppe, se lace, & puis en se moc-
    quant ,
D'un rit, & de ces mots elle m'alla picquant :
Non , si j'étois lascive , ou d'amour occupée,
Je me pourrois fâcher d'avoir été trompée,
Mais puisque mon désir n'est si vif, ni si
    chaud ,
Mon tiéde naturel m'oblige à ton défaut :

Mon amour satisfait aime ton impuissance,
Et tire de ta faute assez de récompense,
Qui toûjours dilayant, m'a fait par le désir
Ebatre plus long-tems à l'ombre du plaisir ;
Mais étant la douceur par l'éfroi divertie,
La fureur à la fin rompit sa modestie :
Et dit en éclatant ; pourquoi me trompes-tu
Ton impudence à tort a vanté ta vertu :
Si en d'autres amours ta vigueur s'est usée,
Quel honneur reçois tu de m'avoir abusée.
Assez d'autres Propos le dépit lui dictoit,
Le feu de son dédain par sa bouche sortoit :
Enfin voulant cacher sa honte & ma colere :
Elle couvrit son front d'une meilleure chere,
Se conseille aux miroir, ses femmes apella,
Et se lavant les mains le fait dissimula.
Belle, dont la beauté si digne d'être aimée
Eût rendu des plus morts la froideur enflâ-
    mée,
Je confesse ma honte, & de regret touché,
Par les pleurs que j'épans, j'accuse mon pé-
    ché :
Péché d'autant plus grand que grande est ma-
    jeunesse,
Comme homme j'ai failli, pardonnez-moi
    Déesse :
J'avoüe être fort grand le crime que j'ai fait,
Pourtant jusqu'à la mort si je n'avois forfait :
Si ce n'est qu'à present qu'à vos pieds je me
    jette,
Que ma confession vous rende satisfaite.
Je suis digne des maux qve vous me prescri-
    rez.

J'ai meurtri, j'ai volé, j'ai des vœux parjurez,
Trahi les Dieux benins ; inventez à ces vices,
Comme étranges forfaits, des étranges suppli-
    ces :
O Beauté ! faites en tout ainſi qu'il vous plaît,
Si vous me condamnez à mourir, je ſuis prêt,
La mort me ſera douce & d'autant plus encore;
Si je meurs de la main de celle que j'adore :
Avant qu'en venir là , au moins, ſouvenez-
    vous
Que mes armes, non moi, cauſent votre
    courroux :
Que champion d'amour entré dedans la lice,
Je n'euſſe aſſez d'haleine à ſi grand exercice,
Que je ne ſuis chaſſeur, jadis tout éprouvé:
Ne pouvant redreſſer un défaut retrouvé ;
Mais d'où viendroit ceci , ſeroit-ce point,
    Maîtreſſe ,
Que mon eſprit du corps preceda la pareſſe :
Ou que par le déſir trop prompt & véhement,
J'allaſſe avec le temps ie plaiſir conſommant.
Pour moi je ne ſçai rien , en ce fait tout m'a-
    buſe ;
Mais enfin , ô Beauté, recevez mon excuſe !
S'il vous plaît de rechef que je rentre en l'aſſaut
J'eſpere avec uſure amender mon défaut.

CONTE.

Une vieille un jour confeſſoit
Ses offenſes à frere Jean ,

Et cette vieille ne cessoit
De vessir de crainte & d'ahan,
Le pauvre frere disoit bran,
Vertu, senbieu, voici merveille,
Dépêchez-vous, lors dit la vieille,
Conseillez-moi, mon Pere en Dieu,
Par bieu, dit-il, je te conseille
D'aller vessir en autre lieu.

LE TONNERRE.
CONTE.

IL est assez d'Amans contens,
  Mais il en est peu de fidéles,
  Cela s'est vû dans tous les tems,
Fort fréquemment chez nous, un peu moins
  chez les belles,
On ne résiste guéres à la tentation
    D'une agréable occasion.
Tromper en amour, est chose délicieuse,
C'est un charmant ragoût que la variété ;
    Et contre l'infidélité
A séduire nos cœurs toûjours ingénieuse,
  Le seul conseil qui se donne aux Amans,
  C'est de se voir à tous momens.
  Mais une suite dangereuse
  Est attachée à cette extrémité,
Le dégoût suit de près cette assiduité ;
Un peu d'absence anime une flâme amoureu-
  se :
Que faire donc ? c'est à vous de choisir,

Je vais, en attendant, vous expofer en vûë
D'une infidélité l'aventure imprévûë,
Puiffiez-vous l'écouter avec quelque plaifir.
    Dans une maifon importante
    Etoit une jeune Suivante,
Son nom eft Ifabeau, la Scene eft à Paris,
De tout tems aux amours fejours des plus ché-
    ris ;
    Cette galante Chambriere
    Senfible à la tendre priere
D'un jeune homme d'amour pour elle péne-
    tré,
    L'avoit dans fon lit retiré ;
    Enfemble ils fe donnoient carriere,
Enchantez, Dieu le fçai, vous le fçavez auffi,
    Vous qu'amour a traitez ainfi,
    Quand foudain furvint le Tonnerre,
    Tel qu'autrefois on l'entendit,
    Lorfque Jupiter confondit
    L'orgüeil des enfans de la terre.
    A ce bruit la pauvre Ifabeau,
    Quoique d'amour fortement occupée,
    De frayeur fe fentit frappée,
Et craignit dans fon lit de trouver fon tom-
    beau ;
Elle crut que déja la célefte vengeance
    S'armoit pour punir fon offenfe :
    Car le fexe dévotieux
Même dans le défordre eft craintif & pieux ;
Je puis vous en parler avec quelque fçience,
Moi-même j'en ai vû, le fait eft fingulier,
    Me propofer des cas de confcience

Dans des tems où l'on doit soi-même s'ou-
   blier.
Quoiqu'il en soit, enfin notre belle peureuse
   Malgré l'amour, malgré la nuit affreuse
Se jette à bas du lit, & seule va chercher
   Une cave pour se cacher.
      Le galant veut en vain la suivre ;
   Non, lui dit-elle, en l'embrassant,
Ne me suis point, c'est toi dont l'amour trop
      pressant
      A ce cruel danger me livre ;
Je vais prier les Dieux qu'il leur plaise arrê-
      ter
Leur foudroyant courroux, leur fureur ven-
      geresse.
Lindor, si tu me suis, je connois ma foibles-
      se,
      J'irois encor les irriter.
Enfin le voilà seul non sans inquiétude :
Mais il fut peu de tems dans cette solitude.
Au prés de là couchoit la fille du logis,
Si je m'en souviens bien, son nom étoit Lisis ;
Charmante, ayant encore sa premiere inno-
      cence,
Et si pourtant déja quinze ans elle comptoit ;
Peau, gorge, taille, bras tout beau par ex-
      cellence :
      Le friand morceau que c'étoit :
Le Tonnerre l'éveille, ou le malin peut-être,
Car il se sert de tout pour nous faire pécher ;
Tremblante elle s'alla près de Lindor cou-
      cher ;

Qui craignant que Lisis ne vînt à le connoître,
Tourne le dos, s'écarte & n'ose la toucher.
Mais Lisis s'aprochant, Isabeau, lui dit-elle,
Je sens une frayeur mortelle,
Pour me rassurer tourne-toi :
Tourne-toi, je te prie, & t'approche de moi.
Le moyen de pouvoir refuser cette grace ?
Il se tourne, Lisis l'embrasse.
Cependant le fracas redouble dans les cieux ;
Et plus elle entend le tonerre,
Plus fortement elle le serre,
L'amour n'auroit pû faire mieux.
Combien difficile il doit être,
Qu'un jeune homme content puisse fille pa-
roître,
Dans la fortune où le voilà !
Aussi le beau Lindor ne fut pas long-tems
maître,
Juste Ciel ! qu'est-ce que cela !
S'écria Lisis étonnée,
De quelle figure es tu née ?
N'es-tu point un monstre, Isabeau,
Je m'en souviens encore, un jour qu'il faisoit
beau,
Etant avec ma mere au bord de la Riviere,
Je crus voir une femme, ayant je ne scai quoi,
D'une forme particuliere,
Et faite à peu près comme toi.
Qu'est ce que je vois-là demandai-je à ma
mere,
Ne le regarde point, c'est un monstre odieux,
Me dit-elle d'un air sevére ;

Ce

Ce monstre toutefois ne me déplaisoit guére,
Et j'eûs quelque regret de detourner les yeux.
N'es-tu point monstre aussi ? Non dit d'une
    voix feinte,
Notre fausse Isabeau, mais cela m'est venu
  Des frayeurs dont j'ai l'ame atteinte ;
    La chose étrange que la crainte !
    Tel est de peur un liévre devenu ;
    Tel autre est devenu cornu.
Enfin nen doutez point, c'est la frayeur,
    vous dis-je,
Lisis crût cette fable, & ne se put lasser
    De passer, & de repasser
    Sa main sur ce nouveau prodige.
Mais voici des éclairs qui reviennent encore,
Et Lisis de serrer tout de nouveau Lindor,
Même plus fortement, alors elle l'embrasse,
Une jambe sur lui. Le drôle prend ce tems,
    Et voilà ses desirs contents.
Où te mets-tu, lui disoit l'innocente ?
O Dieux, la rencontre plaisante !
Qui ne croiroit qu'exprès au milieu du dis-
    cours,
La parole lui manque & l'amour eût son
    cours.
    Ainsi plusieurs fois le Tonnerre,
    Par son bruit effraya la terre.
Plusieurs fois de Lindor plein d'amour & de
    feu,
    Les frayeurs joüerent beau jeu :
    Mais enfin les craintes passerent,
Ou pour en parler mieux les ardeurs se lass-
    serent.   N

C'eſt le ſort des mortels, ils ſeroient trop heu-
　　　reux,
Si rien n'affoibliſſoit leurs traſports amou-
　　　reux.
　　Iſabeau, lui diſoit Liſis,
Quoi ! d'aucune frayeur tes ſens ne ſont ſaiſis?
　　N'entens-tu pas gronder la foudre ?
　　Ce coup nous va reduire en poudre.
Crains, ma chere Iſabeau, crains je te prie
　　　encor,
　　C'en eſt fait répondit Lindor ;
　　Au bruit mon ame accoûtumée,
　　Ne ſçauroit plus être allarmée.
Liſis ayant ſur lui tenté un vain effort,
　　De dépit ſe tourne & s'endort.
L'autre avoit une envie de dormir auſſi forte.
Le ſoin de s'en aller, ſur ſon déſir l'emporte.
　　C'eſt la coûtume d'un amant,
　　Quand il eſt content de ſa belle,
Il a de la quitter le même empreſſement,
　　Qu'il eut de venir auprès d'elle.
　　Lindor ſuivant ce ſentiment
　　Se leve du lit ſans mot dire,
　　S'habille en hâte, & ſe retire :
　　A peine eut-il quitté ces lieux,
　　Que la pieuſe Chambriere
　　Croyant avoir par ſa priere
　　Calmé la colere des Dieux,
　　(Car pour lors tout étoit tranquille,)
　　Oſe ſortir de ſon aſyle,
　　Et vint d'un pas précipité
Trouver ce qu'à régret ſon cœur avoit quitté

Il me semble voir cette Amante,
   Trouver Lisis dormante,
 L'embrasser amoureusement.
 Lindor, lui dit-elle à l'oreille,
 Peux-tu dormir tranquillement,
Tandis que de frayeur ? à ce mot brusque-
    ment
  La belle dormeuse s'éveille,
  Et s'écria toute éperduë ,
  Quel bonheur te l'auroit renduë ?
Mais, non, tu ne l'as point, & je ne trouve
   rien.
  Jugez combien Isabeau fut surprise,
  Quand de Lisis elle entendit la voix ;
Et le seroit encor si sa main bien des fois
Ne se fût employée à dissiper ses doutes.
Enfin pour trancher court, elle aprit tout le
   fait,
Lisis se découvrit par d'innocentes routes ;
   Son cœur en fut mal satisfait ;
Chaque mot lui portoit une atteinte mortel-
   le ;
Mais fût ce avec raison ? jugeons de bonne foi.
Des fideles Amans je suis le plus fidéle
  Mais je répondrois peu de moi
  Dans une occasion si belle ;
Et quand jaurois dû voir tout commerce
   rompu,
J'en aurois fait autant, j'entens, si j'avois pû.

LE CONTRAT.

CONTE.

LEs Malheurs des maris, les bons tours des
  Agnès,
Ont été de tout tems le sujet de la fable,
Ce fertile sujet ne tarira jamais.
  C'est une source inépuisable,
A de pareils malheurs tous humains sont su-
  jets,
Tel qui s'en croit exemt, est tout seul à le
  croire ;
  Tel rit d'une ruse d'amour,
  Qui doit devenir à son tour
Le risible sujet d'une semblable histoire.
  D'un tel revers se laisser accabler,
  Est à mon gré sottise toute pure.
  Celui dont j'écris l'aventure,
Trouva dans son malheur de quoi se consoler.
Certain Bourgeois s'étant mis en ménage,
N'eut pas l'ennui d'attendre trop long-tems
Les doux fruits du mariage ;
Sa femme lui donna bien-tôt deux beaux en-
  fans,
Une fille d'abord, un garçon dans la suite.
Le fils devenu grand fut mis sous la conduite
  D'un Précepteur, non pas de ces Pédans,
  Dont l'aspect est dur & sauvage.
  Celui-ci gentil personnage,
Grand Maître ès Arts, sur tout en l'art d'ai-
  mer,

Du beau monde avoit quelque usage,
  Chantoit bien & sçavoit rimer,
Et s'il faut déclarer tout le secret mystere,
  Amour, dit-on, l'avoit fait précepteur;
  Il ne s'étoit introduit près du frere,
  Que pour voir de plus près la sœur.
  Il obtient tout ce qu'il desire
  Sous ce trompeur déguisement :
  Bon Précepteur, heureux Amant,
  Soit qu'il regente, ou qu'il soûpire,
  Il réussit également :
  Déja son jeune Pupille :
  Explique Horace, & Virgile,
Et déja la beauté qui fait tous ses désirs,
  Sçait le langage des soûpirs ;
  Sans s'en tenir à la theorie,
  Notre Maître en galanterie
  Très-bien lui fit pratiquer ses leçons.
  Cette pratique aussi-tôt fut suivie
  De maux de cœur, de pamoisons,
  Non sans donner de terribles supçons
  Du sujet de la maladie.
Enfin tout se découvre, & le pere irrité
  Menace, tempête, crie.
  Le docteur épouvanté
  Se dérobe à sa furie.
La belle volontiers l'auroit pris pour époux,
Pour femme volontiers il auroit pris la
      belle,
  Leur tendresse étoit mutuelle ;
Mais l'Amour aujourd'hui n'est qu'une ba-
    gatelle.

L'argent seul maintenant forme les plus beaux
　　　nœuds ;
　　　Elle étoit riche , il étoit gueux.
C'étoit beaucoup pour lui, c'étoit trop peu
　　　pour elle.
Qu'elle corruption ; ô Siécle ! ô tems !
　　　ô mœurs !
Conformité de biens , difference d'humeurs,
Souffrirons-nous toujours ta puissance fatale,
Méprisable interêt , opprobre de nos jours ,
　　　Tyran des plus tendres amours ?
　　　Mais faisons tréve à la Morale ,
　　　Et reprenons notre discours.
Le pere est bien fâché, la fille est bien marie,
Mais que faire , il faut bien reparer ce mal-
　　　heur,
　　　Et mettre à couvert son honneur.
　　　Quel remede ! On la marie ,
　　　Non au galant , j'en ai dit les raisons ,
Mais à certain Quidan amoureux des te-
　　　stons ,
　　　Plus que de fillette gentille ,
Riche suffisamment & de bonne famille ,
Au surplus bon enfant, sot je ne le dis pas,
　　　Puisqu'il ignoroit tout le cas ;
Mais quand il le sçauroit, fait-il mauvaise
　　　emplette ?
On lui donne à la fois vingt mille bons ducats,
　　　Jeune Epouse & besogne faite.
　　　Combien de gens avec semblable dot
Ont pris ; le sçachant bien , la fille & le gros
　　　lot ?

Et celui-ci crut prendre une pucelle,
Bien il est vrai, elle en fit les façons ;
Mais quatre mois après la sçavante Donzelle
Montra le fruit de ses leçons,
Elle mit au monde une fille.
Quoi ! déja pere de famille,
Dit l'Epoux bien surpris,
Au bout de quatre mois ; c'est trop tôt, je
suis pris,
Quatre mois, ce n'est pas mon compte.
Sans tarder au beau-pere il va conter sa honte,
Prétend qu'on le sépare & fait bien du fracas.
Le beau-pere sourit, & lui dit parlons bas,
Quelqu'un pourroit bien nous entendre :
Comme vous, jadis je fus gendre,
Et me plaignis en pareil cas.
Mon beau-pere deffunt, Dieu veüille avoir
son ame,
Il étoit honnête homme, & me remit l'esprit,
La pillule, à vrai dire, étoit assez amere ;
Mais il sçût la dorer, & pour me satisfaire,
D'un bon Contrat de quatre mille écus,
Qu'autrefois pour pareille affaire,
Il avoit eu de son beau-pere.
Il augmenta la dot : je ne me plaignis plus.
Ce Contrat doit passer de famille en famille,
Je le gardois exprès, ayez en même soin :
Vous pouvez en avoir besoin ;
Si vous mariez votre fille.
A ce discours le gendre moins fâché
Prend le Contrat, & fait la révérence.
Dieu préserve de mal ceux qu'en telle occu-
rence

On console à meilleur marché.

LA MORT DE JEANNE

CONTE.

UN de ces jour Dame Germaine,
   Pour certain besoin qu'elle avoit,
Envoya Jeanne à la fontaine,
Elle y courut, cela pressoit ;
Mais en courant, la pauvre créature
Eut une fâcheuse aventure ;
Un malheureux caillou qu'elle n'apperçût
    pas,
Vint se rencontrer sous ses pas.
A ce caillou Jeanne trébuche,
Tombe enfin & casse sa cruche ;
Mieux eût valu cent fois s'être cassé le col.
Casser une cruche si belle !
Que faire, que deviendroit elle !
Pour en avoir une autre elle n'a pas un sol.
Que va lui dire sa maîtresse,
De sa nature très-diablesse ?
Comment éviter son courroux ?
Que d'emportemens, que de coups !
Oserai-je jamais reparoître à sa vûë ?
Non, dit-elle, il faut que je me tuë.
Tuons-nous Par bonheur un voisin prés de là
Accourut, entendant cela,
Et pour consoler l'affligée,
Lui chercha des raisons les meilleurs qu'il
    put ;

Mais pour bon Orateur qu'il fût,
Elle n'en fut point soulagée;
Et la belle toûjours s'arrachoit les cheveux,
Faisoit couler des ruisseaux de ses yeux;
Enfin vouloit mourir, la chose étoit concluë.
Hé bien, veux-tu que je te tuë,
Lui dit-il ? Vonlontiers. Lui sans autre façon
Vous la jette sur un gazon,
Aux plus grands transports s'abandonne.
A la tuer des mieux aprête ses efforts,
Leve sa cotte, & puis lui donne
D'un poignard à travers le corps.
On a grande raison de dire
Que pour les malheureux la mort a ses plai-
    sirs.
Jeanne roule les yeux, se pâme, & puis ex-
    pire;
Mais apres les derniers soûpirs,
Elle remercia le sire :
Oh le brave homme que voilà!
Crand merci, Jean, je suis la plus humble
    des vôtres,
Les tuez-vous comme cela ?
Vraiment j'en casserai bien d'autres.

NABUCHODONOSOR.

CONTE

JEune fillette est un friand morceau,
Quand simple esprit caché sous fine peau
Conserve encor la premiere innosence

D'Eve & d'Adam ; le cas, lorsque j'y pense,
En ce tems-ci me paroît fort nouveau.
Une sur tout aïant corsage beau
Dans un Couvent étoit dès son enfance,
Où volontiers l'on faisoit abstinence
D'un capuchon bien moins que d'un chapeau.
Pas un n'entroit cependant à la grille,
Et n'avoit vû là tant simplette fille,
Que gens à froc mal propres à donner
Cet entregent qui nous fait raisonner ;
Mais ce n'étoit pas autrement merveille,
Si la pauvrette en cet âge tout d'or
Doutoit de tout, & ne sçavoit encor
Si l'on faisoit les enfans par l'oreille.
Une poupée étoit sa passion,
Quelques fuseaux son occupation.
L'unique jeu qui chatoüilloit son ame
Etoit le Here, ou bien le Trou-Madame.
Sur tout sur elle assez propre elle étoit,
Et découvrant mille beautez naissantes,
Soir & matin ses puces elle épluchoit
Avec grand soin, & ses mains innocentes
N'avoient sur elle encor pris aucun droit.
Or elle étoit d'humeur douce & craintive,
Quand au Sermon toûjours fort attentive,
Si bien qu'un jour un gros Frere Prêcheur,
Bon biberon, mauvais Prédicateur,
Se debattoit, crioit contre le vice,
Et dépeignant sa honte & sa malice,
Disoit qu'alors que l'on avoit péché,
L'homme changeoit de nature & de forme,
Et qu'aussi-tôt qu'on avoit trebuché,

Le plus beau corps devenoit tout diforme ;
Témoins le Roi Nabuchodonofor,
Qui vint velu comme une groffe bête
Depuis les pieds , dit-il , jufqu'à la tête.
Cent beaux difcours il ajoûtoit encor
Pour faire peur à toute pécherefle.
La pauvre enfant tout bas faifoit promeffe
D'en profiter. La Prédication
Sur fon efprit fit grande impreffion.
A peine eût elle appris ces belles chofes ,
Que le Printems qui fait naître les rofes ,
En fit poufler chez elle deux boutons ,
Qe le vulgaire appelle des tetons ,
Tetons naiffans qui commençoient à poindre,
Mais d'elle encor toutefois ignorés ,
Beaux , blancs, ronds , frais , durs , bien fé-
      parés ,
Et qui n'étoient pas prêts de fe rejoindre.
Or un matin qu'elle admiroit venir
Ces deux enfans d'une figure ronde ,
Et ne fçavoit de quoi s'entretenir ,
Ne fçachant pas qui les mettoit au monde ,
Elle aperçut qu'une puce couroit
Sur fes tetons , elle la voulut prendre ,
La puce agile alors vint à defcendre.
La jeune fille en tous lieux regardoit ,
Fort attentive où la puce fautoit :
Sa main par tout fe promene & fe joüe ;
Lors fort furprife elle fut à l'inftant ,
Et fe tâtant & puis fe retâtant ,
Elle examine au fond fa confcience ,
Et croit qu'après avoir fait groffe offenfe ,

Le Ciel vouloit inftament la punir ;
Que groffe bête elle va devenir,
Ne croyant pas qu'on eût fans être bête
Cheveux naiffans autre part qu'à la tête.
Ainfi l'effroi la prend de toutes parts,
Et détournant fes innocens regards,
Las ! elle crut n'avoir plus d'innocence ;
Elle en faifoit mainte condoleance,
Et toute en pleurs regardoit quelquefois,
Si jeune poil ne couvroit point fes doigts,
S'imaginant qu'à l'exemple des chattes
Elle courroit bien-tôt à quatre pattes,
Elle fe croit à deux d'oïgts de l'Enfer.
Helas ! qu'à tort la pauvrette fe blâme !
Hé ! quel péché ofer fe reprocher !
Pas un petit mouvement de la chair
N'avoit encore aiguillonné fon ame ;
Elle s'habille avec grande frayeur,
Et ne trouvant le Pere Confeffur,
Elle s'en va trouver la mere Abbeffe,
Et toute en pleurs à fes pieds fe confeffe,
En lui difant ; j'ai perdu le tréfor
De l'innocence. Alors baiffant la tête,
Lui dit, Madame, helas ! je deviens bête,
Comme le Roi Nabuchodonofor.
Le cas furprit la révérende Mere ;
La jeune fille en foupirant tout bas,
Lui raconta non fans larmes le cas.
L'Abbeffe fit un grand éclat de rire,
Croyant par là la tirer de fouci,
Sans expliquer ce quelle n'ofoit dire.
Mais fon deffein n'ayant pas reüffi,

Et

Et remarquant sa fillette confuse,
Il faut enfin que je la desabuse :
La pauvre enfant, elle me fait pitié,
Levant sa robe un peu plus de moitié,
La fille vit chose qui l'émerveille,
Et rencontrant aventure pareille ;
Lui dit helas ! un semblable malheur
Me fait avoir pour vous la même peur ;
Et vous & moi nous sommes pecheresses.
Il fut besoin d'appeller les Maîtresses,
Tant pour finir sa crainte, en lui montrant
Que chaque Sœur en avoit tout autant,
Que pour l'honneur de cette digne Abbesse.
Chacune voulut passer pour pécheresse.
La simple Agnès se consola d'abord
De voir par tout Nabuchodonosor.

****

LE QUIPROQUO.
CONTE.

DAme Fortune aime souvent à rire,
Et nous joüant d'un tour de son métier,
Au lieu des biens où nôtre cœur aspire,
D'un *Quiproquo* se plaît à nous payer.
Ce sont ses yeux, j'en parle à juste cause,
Il m'en souvient ainsi qu'au premier jour,
Cloris & moi nous nous aimions d'amour.
Au bout d'un an, la belle se dispose
A m'accorder quelque soulagement
Foible & leger, à parler franchement,
C'étoit son but ; mais quoiqu'on se propose,

O

L'occasion & le discret Amant
Sont à la fin les maîtres de la chose.
Je vais un soir chez cet objet charmant,
L'Epoux étoit aux champs heureusement,
Mais il revint, la nuit à peine close,
Point de Cloris. Le dédommagement
Fut que le sort en sa place suppose
Une Soubrette à mon commandement ;
Elle paya cette fois pour la Dame.
Disons un troc où réciproquement
Pour la Soubrette, on employa la femme.
De pareils traits tous les livres sont pleins ;
Bien est-il vrai qu'il faut d'habiles mains
Pour amener chose ainsi surprenante,
Il est besoin de bien sonder le cas
Sans rien forcer, & sans qu'on violente
Un incident qui ne s'attendoit pas.
L'aveugle enfant joüeur de passe passe,
Et qui voit clair à tendre main panneau,
Fait de ces tours. Celui-là du berceau
Leve la paille à l'égard de Bocace,
Car quant à moi, ma maint pleine d'audace
En mille endroits a peut-être gâté
Ce que la sienne a bien executé.
Or est-il tems de finir ma Preface,
Et de prouver par quelque nouveau tour
Le *Quiproquo* de fortune & d'amour.
On ne peut mieux établir cette chose,
Que par un fait à Marseille arrivé,
Tout en est vrai, rien n'en est controuvé.
Là Clidamant que par respect je n'ose
Sous son nom propre, introduire en ces vers

Vivoit content, se peut dire, en femme
Mieux que pas un qui fût en l'Univers.
L'honnêteté, la vertu de la Dame,
Sa gentillesse, & même sa beauté
Devoient tenir Clidamant arrêté ;
Il ne le fut. Le Diable est bien habile,
(Si c'est adresse & tour d'habileté
Que de nous tendre un piége aussi facile
Qu'est le desir d'un peu de nouveauté,)
Près de la Dame étoit une personne,
Une suivante ainsi qu'elle mignonne ;
De même taille, & de pareil maintien,
Gente de corps. Il ne lui manquoit rien
De ce qui plaît aux chercheurs d'aventures.
La Dame avoit un peu plus d'agrément,
Mais sous le masque on n'eût sçû bonnement
Laquelle élire entre ces créatures.
Le Marseillois, Provençal un peu chaud,
Ne manque pas d'attaquer au plûtôt
Madame Alis, c'étoit cette Soubrette.
Madame Alis, encor qu'un peu coquette,
Renvoya l'homme ; enfin il lui promet
Cent beaux écus bien comptez clair & net.
Payer ainsi des marques de tendresse
En la Suivante, étoit, vû le païs,
Selon mon sens, un fort honnête prix.
Sur ce pied-là qu'eût coûté la maîtresse ?
Peût-être moins : car le hazard y fait ;
Mais je me trompe ; & la Dame étoit telle,
Que tout Amant, & tant fut-il parfait,
Auroit perdu son latin auprès d'elle :
Ni dons, ni soins n'y auroient réussi,

Devrois-je faire entrer les dons auſſi ?
Las ! ce n'eſt plus le ſiécle de nos peres,
Amour vend tout, & Nymphes & Bergeres ;
Il met le taux à maint objet divin ;
C'étoit un Dieu, ce n'eſt qu'un Echevin.
O tems ! ô mœurs ! ô fortune perveſe !
Alis d'abord rejette un tel commerce,
Fait l'irritée, & puis s'appaiſe enfin,
Change de ton, dit que le lendemain
(Comme Madame avoit deſſein de prendre
Certain remede) ils pourroient le matin
Tout à loiſir dans la cave ſe rendre.
Ainſi fut dit, ainſi fut arrêté ;
Et la Soubrette ayant le tout conté
A ſa maîtreſſe, auſſi-tôt les femelles
D'un *Quiproquo* font le projet entr'elles :
Le pauvre Epoux n'y reconnoîtroit rien,
Tant la Suivante avoit l'air de la Dame ;
Puis, ſuppoſé qu'il reconnût ſa femme,
Qu'en pouvoit-il arriver, que tout bien ?
Elle auroit lieu de lui chanter la game.
Le lendemain par hazard Clidamant,
Qui ne pouvoit ſe contenir de joye,
Trouve un ami, lui dit étourdiment
Le bien qu'amour à ſes deſirs envoye.
Quelle faveur ! non qu'il n'eût bien voulu
Que le marché pour moins ſe fût conclu,
Les cent écus lui faiſoient quelque peine :
L'ami lui dit, hé bien ! ſoyons chacun
Et du plaiſir, & des frais en commun.
L'Epoux n'ayant alors ſa bourſe,
Cinquante écus à ſauver étoient bons.

D'autre côté, communiquer la belle,
Quelle apparence! y consentiroit-elle?
S'aller ainsi livrer à deux Gascons,
Se tairoient-ils d'une telle fortune?
Elle devoit leur devenir commune.
L'ami leva cette difficulté,
Représentant que dans l'obscurité
Alis pourroit être aisément trompée,
Une plus fine y seroit attrapée;
Il suffiroit que tous deux, tour à tour,
Sans dire mot, ils entrassent en lice,
Se remettant du surplus à l'amour,
Qui volontiers aideroit l'artifice;
Un tel silence en rien ne leur nuiroit,
Madame Alis, sans manquer, le prendroit
Pour un effet de crainte & de prudence,
Les murs ayant des oreilles; dit-on,
Le mieux étoit de se taire; à quoi bon
D'un tel secret leur faire confidence?
Les deux galans ayant de la façon,
Reglé la chose, & disposez à prendre
Tout le plaisir qu'amour leur promettoit,
Chez le mary d'abord ils se vont rendre;
Là, dans le lit l'Epouse encore étoit.
L'Epoux trouva près d'elle la Soubrette,
Sans nuls atours qu'une simple cornette,
Bref en état de ne lui point manquer;
Même un clein d'œil qu'il sçût bien remar-
    quer,
L'en avertit. Les amis disputerent
Touchant le pas, & long-tems contesterent.
L'Epoux ne fit l'honneur de sa maison,

Les complimens n'étant pas de saison,
A trois beaux dez pour mieux ils se réglerent.
Le précurseur, ainsi que de raison,
Ce fut l'ami. L'un & l'autre s'enferme
Dans cette cave attendant de pied ferme,
Madame Alis qui ne vint nullement ;
Bien en son lieu, la Dame s'en vint faire,
Tout doucement le signal nécessaire.
On ouvre, elle entre, & sans retardement,
Sans lui donner le tems de reconnoître
Cecy, cela, l'erreur, le changement,
La difference enfin qui pouvoit être,
Entre l'Epoux & son associé,
Au Dieu d'amour on eût sacrifié :
L'heureux ami n'eut pas toute la joye,
Qu'il auroit eue en connoissant sa proye ;
La Dame avoit un peu plus de beauté,
Outre qu'il faut compter la qualité.
A peine fut cette scêne achevée,
Que l'autre acteur par sa prompte arrivée,
Jetta la Dame en quelque étonnement ;
Car comme Epoux, comme Clidamant même,
Il ne montroit toûjours si frequemment
De cette ardeur l'emportement extrême ;
On imputa cet excès de ferveur,
A la Soubrette ; & la Dame en son cœur
Se proposa d'en dire sa pensée :
La fête étant de la sorte passée,
Du noir séjour ils n'eurent qu'à sortir.
L'associé des frais & du plaisir,
S'en court en haut dans certain vestibule :
Mais quand l'Epoux vit sa femme monter,

Et que l'ami s'en vint se préfenter,
On peut juger quel foupçon, quel fcrupule,
Quelle furprife eurent les pauvres gens ;
Ni l'un ni l'autre, ils n'avoient eu le tems
De compofer leur mine & leur vifage ;
L'Epoux vit bien qu'il falloit étre fage ;
Mais fa moitié penfa tout découvrir ;
Je m'en étonne ; & quand il faut mentir,
Je n'en vois point qui ne foit affez fine,
Pour compofer fon vifage & fa mine ;
En tems & lieu, ce fecret eft très-bon,
La plus novice en connoît la fcience.
L'Epoux fit figne à fa femme, dit-on,
Aucuns ont dit qu'Alis fit confcience,
De n'avoir pas mieux gagné fon argent,
Plaignant l'Epoux, & le dédommageant,
Et voulant bien mettre tout fur fon compte,
Un peu meilleur. J'ai vû les gens mouvoir,
Deux queftions, l'une, c'eft à fçavoir
Si l'Epoux fut du nombre des Confreres,
A mon avis, n'a point de fondement ;
Puifque l'ami, la Dame nullement,
Ne prétendoient vaquer à ces mifteres.
L'autre point eft touchant le Talion ;
Et l'on demande en cette occafion,
Si, pour ufer d'une jufte vengeance,
Prétendre erreur & caufe d'ignorance,
     Auroit été permis ;
Bien que ce foit-là mon avis,
La Dame fut toûjours inconfolable.
Dieu garde mal à celles qu'en cas femblable,
Il ne faudroit nullement confoler.

J'en connois bien qui n'en feroient que rire :
De celles-là je n'ose plus parler ;
Et je ne vois rien des autres à dire.

✿✿✿✿✿✿✿✿✿✿✿✿✿✿✿✿✿✿✿✿✿✿✿✿✿✿✿✿✿✿

LE .SAMALEC LYONNOIS.

CONTE.

Jamais nation ne fut plus civile
Que la Françoise, il le faut avoüer,
L'envoyé Turc pourroit s'en loüer,
Après l'honneur qu'à Lyon la grand' Ville
Des Magistrats en partant, il reçût ;
Ces Magistrats crurent frapper au but,
S'ils regaloient l'Excellence Ottomane
D'un compliment en langage Ottoman :
Car, disoient-ils, parler par Trucheman,
C'est une mort en langue Mussulmane ;
En Mussulman il nous faut saluer,
L'invention leur sembloit mémorable ;
Le point étoit comment l'effectuer,
Où rencontrer un harangueur capable,
Un homme expert dans le Samalec ?
Notez qu'alors tenoit auberge illec
Certain quidam déserteur de Mosquée,
De mauvais Turc devenu bon Chrétien,
C'est notre fait, dirent ces gens de bien.
La chose au Sire étant communiquée,
Il l'approuva : laissez faire, dit-il,
François Selim, c'est ainsi qu'on me nomme,
Nul mieux que moi, Dieu merci, ne sçait com-
  me

La tête on doit courber jusqu'au nombril,
Rabattre en arc les mains sur la poitrine,
Se reculer, s'avancer à propos,
Et cætera suffit de ma Doctrine :
Tenez-vous sûrs, & soyez en repos,
Vous me verrez à la mode Turquesque
Faire cent tours qui surprendront vos yeux,
Telle action vous paroîtra burlesque,
Qui cache au fond cent traits mystérieux :
Or en ceci la grande politique
Est de me suivre en tout d'un pas égal,
Souvenez-vous de cet avis unique,
Vous ne sçauriez, me suivant, faire mal :
De point en point on promit de le suivre,
On le suivit jusqu'au moindre Iota ;
L'Ambassadeur bien fort s'en contenta ;
Mais ce qui plus que tout le transporta,
Fut qu'un Chrétien parlât Turc comme un
    livre.
Il n'est, fit-il, Assesseur du Divan,
Qui, mieux que vous, entende notre langue,
Pas ne vous doit surprendre ma harangue,
Dit le Chrétien, je suis né Mussulman.
Né Mussulman ! vous ! êtes donc encore ?
Moi ! point du tout, je me suis converti.
Et c'est le Dieu des Chrétiens que j'adore.
Ah ! par Mahom vous en avez menti,
Et Mussulman jamais vous ne naquîtes,
Ou vous n'avez point changé de parti :
Je ne puis croire au moins ce que vous dites,
Si j'en vois un signe fort précis.
A moi ne tienne. Etes vous circoncis ?

Vous allez voir. Lors sa misere nuë
Le Compagnon étale à decouvert.
Les Magistrats, à cette étrange vuë
Quoiqu'étonnez, pour n'être pris sans verd,
Suivant leur guide, imitans sa posture,
Firent leur cour en forme, & sans tarder,
Chacun, selon le talent que nature,
Petit ou grand, lui voulut accorder.
L'ordre fut rare, & l'histoire rapporte,
Que l'Ottoman salüé de la sorte,
Crainte de pis, s'en fut sans dire adieu.
Tout au rebours, les Donzelles du lieu
Prirent grand goût à la ceremonie,
Et telle fut leur Jubilation,
Que maintenant nul ne se soucie
De voir, après cette réception
Ambassadeur, s'il ne vient de Turquie.

EXERCICE GALANT.

Galant prenez-garde à vous,
  Portez-bien le corps :
Portez la main droite au chapeau,
  Campez-vous bien :
Faites la reverence à la Dame,
  Tirez-la vers vous :
Joignez la main droite à la sienne,
Approchez votre bouche de la sienne,
  Baisez tout d'un conp,
      Alte-là.

Soupirez, œilladez, serrez la main,
Contez vos peines, demandez du secours,

Promettez fidelité, jurez comme un diable,
Baisez la bouche sans mouvement,
Pâmez-vous.
Caressez la Dame,
Glissez la main gauche sur ses tetons,
Haut la main,
Levez le mouchoir tout d'un coup,
Alte-là.

Embrassez la Dame,
Remettez la main gauche sur ses tetons,
Glissez le pied droit derriere celui de la Dame,
Gagnez le milieu avec le genoüil gauche,
Baisez encore les tetons,
Haut la jupe.

Galant apprêtez-vous,
Gagnez le terrain,
Prenez bien vos mesures,
Tirez la baguette tout d'un coup,
Haut la baguette.
Etendez vous sur le corps de la Dame,
Baisez ferme,
Mettez la baguette dans le canon,
Bourrez,
Goûtez les plaisirs avec transports,
Tirez,
Alte-là.
Tirez la baguette hors du canon,
Mettez-la dans son lieu,
Haut le corps.

Prenez la main droite de la Dame,
Raccommodez son mouchoir,
Reprenez vôtre chapeau,

  Baisez la Dame,
Faites lui compliment,
  Retirez-vous,
  Chargez,
  Bourrez,
Recommencez si vous pouvez.

FOLIE.

Lorsque la Belle avoit la pâle maladie,
Elle fut consulter les Oracles divers,
Voir quel remede étoit pour garantir sa vie,
Il lui fut répondu, belle fille, ma mie,
Mon remede est écrit à côté de ces Vers.

F I N.